封闭与开放

——安吉古代交通遗存

刘晓　著

吉林文史出版社

图书在版编目（CIP）数据

封闭与开放：安吉古代交通遗存 / 刘晓著 . -- 长
春：吉林文史出版社，2020.11
ISBN 978-7-5472-7333-3

Ⅰ . ①封… Ⅱ . ①刘… Ⅲ . ①交通运输史 - 安吉县 -
古代 Ⅳ . ① F512.9

中国版本图书馆 CIP 数据核字 (2020) 第 212274 号

书　　名	封闭与开放：安吉古代交通遗存
	FENGBI YU KAIFANG:ANJI GUDAI JIAOTONG YICUN
作　　者	刘晓
责任编辑	钟杉　王丽媛
出版发行	吉林文史出版社有限责任公司
社　　址	长春市福祉大路 5788 号
邮政编码	130118
网　　址	http://www.jlws.com.cn
印　　刷	长春市昌信电脑图文制作有限公司
开　　本	787mm×1092mm　　　1/32
印　　张	5.25
印　　数	2000 册
字　　数	150 千字
版　　次	2021 年 11 月第 1 版　2021 年 11 月第 1 次印刷
书　　号	ISBN 978-7-5472-7333-3
定　　价	38.00 元

自古至今

由古视今

交通的通达度与经济的发展水平

往往成正比关系

交通的进步与发展离不开统一的前提

只有统一

才能众人拾柴

前　言

"道，蹈也；路，露也，人所践蹈而露见也。"

路是人走出来的。从人类开始有生产、生活活动，就有道路：从事渔猎，有通往水边、丛林的道路；从事农牧，有通往田间、草原的道路。人们利用自然力，借助创制的工具开拓交通，修筑道路，改变着自我生存的环境，为消除地理空间的阻隔而不懈努力。

安吉地处浙之西北边陲，西通宣歙，南接临安，山溪纠错。"……用兵出奇之道也。杜伏威尝由此以平李子通；淮南尝由此以震吴越；蒙古尝由此以亡宋国；明初亦由此以袭张士诚，夫，安吉之于浙也，犹头目不可不卫也。"足见安吉在历史上的重要地位，这缘于安吉特殊的地理位置和交通优势，这些历史事件反过来又影响了安吉的交通格局。无论是交通方式的创新，还是交通网络的延伸，或是交通工具的改进，都是时代的产物，受到了政治格局变化、经济发展程度、科学技术水平、管理能力大小等因素的强烈制约，不可能脱离时代发展水平和发展环境而自行发展。所以，研究一个地方的交通发展史，就是从一个侧面研究这个地方的历史；研究一个朝代的交通发展史，就是从一个侧面研究那个朝代的历史。

依托优美的生态环境和重要的地理位置，安吉创造了独特而丰富的交通文化，古桥、古道、关隘等交通设施，交织于安吉发展的历史长卷中，见证了数千年来人类发展的历史进程，记载了安吉先民征服自然、改造自然的艰辛和智慧，汇聚成了厚重的安吉文化。

目　录

目 录

第一章　安吉古代交通发展窥探

安吉，处浙之西北边陲，西界安徽省宁国、广德，南接余杭、临安，东邻德清、湖州，北连长兴，境内峰岭叠翠、山溪交错。天目山脉自西南入境，分东西两支环抱县境两侧，三面环山，呈"畚箕"状，地势西南高、东北低，1000 米以上山峰36座，最高峰龙王山海拔1587.4米。全省八大河流之一的西苕溪贯穿全县，过长兴经湖州注入太湖。之于交通，天目山脉是安吉一道自然的屏障，西苕溪及其支流如同血液般将安吉与外界联系在一起，而历代政治格局变动、军事行动、人口迁移、经济发展和自然环境变迁的综合作用，使得安吉的交通不断开拓发展，形成水陆结合的交通格局，"道路"更为开放。

第一节　史前时期

早在 80 万年前，沿着西苕溪流域，就有原始部落濒水而居，境内天目山北麓的苕溪流域二级阶地红壤区分布有上马坎遗址等 19 处旧石器时代文化遗址。新石器时代，古遗址遍及整个苕溪流域，上至章村浮塘，下至梅溪荆湾，如安乐遗址、芝里遗址、王母山遗址、光竹山遗址、狮子山遗址等。史前时期的道路遗迹现几无考证，但一些历史遗存，却也为我们追寻远古时代的交通，提供了一些想象和模糊的印记。

原始部落濒水而居，对外交通自然是以水为主，周边钱山漾遗址出土的木桨证明，早在原始社会，濒水而居的居民就能"刳木为舟，剡木为楫"，杭州老和山遗址发现了船的残骸，可见船已成为先民的水上交通工具，先民已经掌握了造船和驾船的技术。而内部交通则主要还是因人类生活活动形成的最初道路——山林、田间小径，多数为沿山傍水利用自然地形践踏而成。通过对境内安乐遗址、芝里遗址的考古发掘，将两处遗址出土的器物与周边地区同类型器物比较，发现既有个性又有共性，出土的器物涵盖了长江下游三大考古学文化，说明是时安吉凭借着天目山脉与茅山山脉衔接处的豁口之地理优势，已筑起了南北道径通达的文化通途。

第二节　先秦时期

商周时期，一些传世文献资料的存在，为先秦交通史的研究提供了不少材料，加上考古资料的发掘，为这一时期的交通研究提供了更多实物资料。此时的交通，与领域的变迁及与诸侯国之间的相互往来有密切关系，在分化与融合的民族混合运动的大背景下，形成了先秦交通区域的雏形。

先秦时期，安吉属扬州之域，《尚书·禹贡》载："淮海惟扬州。筱簜既敷，厥草惟夭，厥木惟乔。……岛夷卉服。……沿于江、海，达于淮、泗。"可见在自然环境上，安吉之域应草木茂盛，土地潮湿。而在文化属性上，春秋时期，吴越两国为并吞对方，称霸中原，在太湖及其周边地区进行了无数次的战争，随着战争胜败形势所发生的变化，安吉几易其主，但绝大部分时间仍属越管辖，现发现了越文化遗存300余处，涉及城址、聚落址、军事遗址、墓葬、窑址等。境内越国城址古城遗址，位于古城村，处在天目山西支山脉余脉与河谷平原交汇处，东约2公里为西苕溪，西毗沙河，程亦胜先生根据太湖南岸尤其是古城遗址及周围的古墓群等考古调查资料，结合史书关于吴越两国疆界及吴越檇李、夫椒两次战争等相关史料研究分析，认为安吉古城应为早期越国都邑。暂且不论该推论是否成立，但为越国重镇无疑。

古城遗址依地势而建，西南高，东北低，土筑城墙基本成方形筑于遗址的四周，护城河环绕于城墙的外围，在古城遗址的周边分布着山墩、大庄、王家墩、墙山上、窑山等众多同时期的聚落址。经考古发掘，古城遗址内有水域相通，并与护城河相连，护城河与西苕溪连接，西苕溪向北汇入太湖。而距其东南850米处的八亩墩越国贵族墓群与古城遗址之间也有非常畅通的水路以运送材料。这与文献记载也是相符的，《周书》载周成王时"于越献舟"，《慎子》载有"行海者，坐而至越，有舟也""越人水行而山处，以舟为车，以楫为马，往若飘风，去则难从"，可见当时越国境内河道很多，水行无阻，陆行则为河道所阻，不及水行迅速，越人也已掌握较高的造船和航行技术。因此先秦时期，古城遗址及周边交通应以水运为主，再结合安吉豁口的地理位置，认为应是皖南、江淮地区文化传播、交流的重要节点。

公元前333年，楚败越后，安吉为楚国辖地，楚考烈王十五年（公元前248年），春申君黄歇改封江东，即太湖周围的苏南、浙北、上海、皖西南等地，为加强对封邑之地太湖南岸的统治，防止越族残余作乱，将古城遗址列为楚国重镇之一，进一步治理苕水，疏浚河道，抑制水患，安吉的水运交通得到了进一步的发展。

当然除了自身的生活需求、诸侯国的兼并往来，吴越两国作为近邻，并长期处于战争状态，随着领土的扩张和战争的需要而开拓陆上道路也是必然的。但总的来说，先秦时期，安吉境内应仍以水上交通为主。

先秦时期，安吉与中原也已有广泛的接触和联系。1976年，安吉三官周家湾出土一鼎、一爵、二觚、四案足及19件玉器。其中觚大敞口、腹壁弯曲度大、器身明显呈三段式、中腰与圈足带有扉棱、器物高达27厘米，是典型的流行于殷墟二期的高体觚，为殷墟晚期的"舶来品"；而爵的兽面纹、蕉叶纹、蝉纹均是中原地区流行于殷商晚期至西周中期的典型纹饰。2004年于安吉高禹发现的青铜铙，也是从中原的小铙演变而来，是中原地区向古越范围的推移和古越族内部的相互交流的产物。

第三节　秦汉至六朝

经历了春秋战国的乱世纷争，无数的鲜血和战火换来了秦汉的大一统局面。这不仅仅是秦皇、汉武努力经营的结果，也是历史发展的必然。秦汉的大一统，使中国的政治和经济有了大规模的发展，使中华民族的融合有了一个坚实的政治基础。而此时的交通发展，也在政治和经济发展的同时，借助大一统的东风步入了一个新的时代。

秦王政二十五年（公元前 222 年），秦灭楚，安吉结束了楚国管辖的时代，步入大一统，秦在今安吉置故鄣县，属会稽郡。秦始皇二十六年（公元前 221 年），置鄣郡，为秦三十六郡之一，鄣郡郡治即在今古城村，为浙江省境内最早出现的郡级治所。秦统一后，筑驰道，重视陆路交通的开拓，道路交通有很大发展。秦"为驰道于天下，东穷燕齐，南极吴楚，江湖之上，濒海之观毕至。道广五十步，三丈而树。厚筑其外，隐以金椎，树以青松。为驰道之丽至于此"。驰道以秦京城咸阳为中心，通往全国各郡，按现在地名，东通北京，河北海滨，南及江苏，沿长江而至湖南、湖北，同时郡县之间交通路线也发展起来了。据《越绝书》载，秦始皇三十七年（公元前 210 年）东游会稽，"道度牛渚，奏东安、丹阳、溧阳、鄣故、余杭轲亭南"。

公元前 154 年，汉景帝三年，吴楚七国叛乱，叛乱三个月，被景帝平息，鄣城"即山铸钱，乱天下币"遭到毁灭性破坏，后封给江都王。汉武帝元狩元年（公元前 122 年），江都王刘建谋反失败自杀，东阳郡、鄣郡归汉王朝。汉武帝元封二年（公元前 109 年），改鄣郡为丹阳郡，以原鄣郡郡治置县，名故鄣县，属丹阳郡，古城由郡治降为故鄣县县治。

东汉末期，阶级矛盾恶化，故鄣县辖境广袤辽阔，统治者为强化控制，于黄巾起义的第二年即东汉灵帝中平二年（185年），将故鄣县分故鄣、（古）安吉、原乡三县，故鄣县县治仍在古城。古城从公元前221年至公元前109年的百余年，是其交通发展的一个重要时期。秦汉时，郡县之间的道路设置了邮、亭传递文书，州刺史及郡守每年都要至各县巡视。《后汉书》载：诸州常以八月巡行所部郡国，巡察赋税、盗贼等情况，郡县交通路线，都以郡为中心，通往各县。古城作为郡治所在地，必然会有与郡县之间互通的道路。同时，西汉时，开辟了以丹阳郡治宛陵（今宣城）为中心，向东通至故鄣，并与乌程相接，向南通至於潜的驿道。

　　六朝时期，因割据政权、政治经济、文化交流的需要，打破了过去以北方为交通中心的格局，安吉属吴，吴以建康（南京）为京都，地理位置上较秦汉时期更临近京都，是安吉经济、文化、交通发展的一个重要时期。其时，中原地区群雄逐鹿，江东却较安定，大批中原世族南迁，其中有一部分进入县域内安居，再者东吴对山越人发动多次战争，迫使他们山外从事屯田农垦，县内生产和开发向前迈进一步，成为东吴军粮供应地之一，曾于梅溪附近的邸阁山建仓，以做积贮和转运军粮之用。西晋末年，北方大乱，北方士族又一次大规模南移，随着东晋的建立，移民再次大批涌入境内，促进了经济、文化、交通的发展。由于人口的增加和土地的开垦，东吴在浙江境内增置了不少郡县，除原有的吴郡、会稽郡以外，增加了吴兴郡，安吉改属吴兴郡，郡县的增多，使相互之间的距离缩短，郡县交通也随之发展。东晋咸和年间开凿漕渠、官渎，永和年间开挖荻塘运河，与天然河流连接形成水运网络，自吴兴郡治乌程溯苕溪可达上游余杭、临水、故鄣、（古）安吉、原乡、於潜等天目山区之各县。水路交通的发展，为唐宋大发展奠定了基础。

　　这个时期的交通变化，主要不是军事上的行为，除军事需要的几条道路外，大部分道路的开辟与郡县建置有关，与生产的发展、人口的增多有关，六朝时期，水上交通得到了进一步的发展。

此时，安吉与外界的沟通范围更为广阔。1990年良朋上马山墓葬出土小铜鼓，鼓面中部有钮的残痕，胴部突出，腰部内收，足部外张，胴腰间有两两相对的辫绳状扁耳4个，鼓面有太阳纹，芒间饰斜线纹，芒外饰锯齿纹晕圈，胴部及腰足交接处也饰弦纹间锯齿纹，腰部饰垂直的叶脉纹。铜鼓是中国岭南和西南地区及东南亚各国一种很特殊的民族历史文物，在中国主要分布于云南、贵州、广西、广东、海南、四川、重庆、湖南等地。上马山鼓这类小铜鼓集中发现于越南红河平原和马江平原，亦即越南典型的东山文化区。

因此可以推断，上马山这件小铜鼓不是中国南方铜鼓分布区的产品，而是更南的越南东山文化区的产品。浙江安吉与越南东山，两地相隔好几千公里，东山文化区的小铜鼓，跳过中国南方铜鼓分布区，而流落到本地，说明当时交通圈已相当的广阔。

第四节　唐宋时期

隋唐两朝，在结束了魏晋南北朝长期以来时断时续的分裂纷争的局面的同时，又形成了一个空前强大繁荣的统一的大帝国，中国又回归到大一统的局面。这个时期，社会经济和国家的国防力量又有了显著增强，中国的政治和经济发展到了空前繁盛的时代。受此影响，中国的交通发展、交通道路开拓也达到了一个新的境界，无论从规模和程度来看，还是从交通网络格局、具体路线来说，都是魏晋南北朝时期不可企及的，也是秦汉时期难以比拟的。在这个大背景下，安吉的交通也是发展最快的时期。

为节省开支，隋朝裁并了一些郡县，隋开皇九年（589年），废故鄣、

（古）安吉、原乡三县并入绥安县（今广德），属宣城郡。隋朝实行了"均田制"和"府兵制"，振兴农业、手工业，社会经济有所发展，人口也有所增加。江南运河的开通，促进了我国南北交通和物质交流，至湖州境内，与晋代开建的水利工程荻塘相通，安吉也因此可以通过运河贯通沿海州县，与平原地区的经济文化交往更紧密起来。

唐朝沿袭隋朝的办法，兵农结合而农有其田，开垦荒地，广修水利，有力地推动了农业的发展，社会渐趋繁荣，人口剧增，州、县建置也增加很多。安吉的经济、文化有了较大发展，曾任杭州太守的白居易、湖州太守的颜真卿，茶圣陆羽，名僧皎然、灵一都曾到过安吉，并留下美文。唐圣历年间（698—700年），县令钳耳知命督率县民建成石鼓堰、东海堰和邱阁池，改善农业生产的水利条件，唐开元年间（713—741年），安吉丝及丝织品质量上乘，奉为贡品。茶叶生产普遍，唐陆羽《茶经》载：安吉、武康两县茶叶为浙西上品。缘于运河交通便捷，当时境内经济发展尤以西苕溪中游以下地区更快，因而于唐开元二十八年（740年），徙县治于今安城附近，安吉交通也从此打开了以安城为中心的交通格局。当然，经济发展必然促进交通发展，唐代增置的郡（州）县较多，郡县通向四方的道路都进行了整治，最重要的是开通了南北向的山路险道。《新唐书·地理志》载："唐宝历二年（826年），余杭县令珧筑甬道通西北大路，高广径直百余里，行旅无山水之患。"此路即自余杭经独松关、安吉、泗安、广德至宣州，原先是一条小道，自此成为要道。此时，水上运输也已十分发达，行船速度之快有"挂帆一纵捷于鸟，长兴夜发菰城晓"之誉。

唐朝末年，政治腐朽，加上天灾人祸，引发唐末农民战争，又转入战乱频仍的纷争时期，随后出现了长达几十年的南北对立的局面，北方政权更替频繁，南方则分裂为十个国家，此时安吉属吴越国管辖，吴越国钱王审时度势，以战为器，以器得和，在钱氏诸王用心经营下，处于征战不休时代的吴越之地保持了一片繁华安定，统治者轻徭薄赋，鼓励垦荒，规定新垦田地"勿取租税"，推行"善事中国""勿废臣礼""不兴兵举"等重要国策，大力兴修水利，发展生产，社会安定促使经济迅速发展，吴越国渐成东南翘楚，颇具规模的灵峰院和灵芝塔等，均于此时建成。后周赵匡胤在陈桥驿发动兵变，建立北宋王朝，中原王朝再度走向统一，但此时国家版图和疆域已与唐朝相去甚远。与北宋政权相共存的还有北方辽、西北西夏、西部吐蕃、西南大理寺等少数民族政权。各少数民族政权与北宋的战争，使得北宋成为一个积贫积弱的朝代。这一时期的交通受到了一定程度的影响，发展的速度和规模不如隋唐时期。但两宋时期对于安吉，仍是经济、文化发展的又一个重要时期，境内西苕溪河谷平原的低洼易涝地区始筑圩围田，加上占城稻引进，使稻谷产量提高。同时，蚕丝生产进一步发展。宋嘉泰《吴兴志》载：安吉"育蚕，则以多为贵，有至数百箱者"；"本郡山乡，以蚕桑为岁计……兼工机织"。境内丝绢产量已很可观，并称"安吉丝尤好""安吉绢最佳"，统治者常令县民以丝绢折纳税赋而充为贡品。《吴兴志》又载：安吉"市行漆器，旧颇有名，元丰间尝供三十事"，商业也随之兴盛。北宋晚期，安吉物产丰富，农商兴盛，《东岳行宫碑记》载："地富丝枲，人用饶益，豪商杰贾，万里辐辏，为东南大邑。"

"靖康之变"后，宋室南渡，北方仕民再一次大批南移。鄣吴和上墅的两宗吴姓，赤渔的方姓，南北庄和凌圩、横塘村的凌姓，赋石水库一带和缫舍的王姓等均于此时移入。北方仕民的大批移入，再次推动境内开发。南宋绍兴八年（1138年），定都临安（今杭州）。安吉不但是临安西北的屏障，也是京郊，作为都城临安的重要防御地，陆上道路通道要比唐及北宋时多，通道增多，"驿舍、亭、铺相望于道，以待宾客"是境内设置驿、馆、亭最多的时期，据县志记载，设在安吉县的亭、驿、馆共6处，铺5处，道路上专供行人歇足的路亭，也于南宋开始出现。县内自独松岭经递铺、安吉县城（今安城）至长兴县泗安，成为临安（杭州）与建康（南京）间重要驿道中的一段。

因为重要的地理位置，南宋时安吉成为兵家必争之地，金兵、元兵进攻临安，均取道安吉，故在边缘垒筑独松关后，接着垒筑幽岭、高坞、湛水、福水、铜头、唐舍、铁岭、虎岭、乌山等关隘，派兵驻守。

南宋建都临安（今杭州），前后一百四十五年。在这期间，宋廷大小官员，官商及其眷属仆从，也都集中到杭州。不堪忍受金兵杀戮凌辱的中原仕民，也大批迁入。此次移民规模之大，数量之多，是前所未有的，北方人口的大量南移，再一次给中国南方带来了充足的劳动力、先进的技术和丰富的生产经验，从而推动了南宋农业、手工业、商业的显著进步。外国使节、商贾、僧侣前来朝贡，经商、观光者很多，水陆交通出现了前所未有的盛况。

唐宋时期，安吉境内水陆交通全面发展，驿道上官使往返，不绝于途；同时商业活跃起来，商贩比肩接踵，经济的发展促进了交通的极大发展，是开拓转向提高的转折时期。

第五节　元明清时期

元灭南宋后，朝廷所需粮食和财物，大量依靠东南地区供给，赋税沉重。元至正年间（1341—1368 年），年征秋粮正耗米比两宋时多 1.72 倍。元末，农民起义风起云涌，安吉先由徐寿辉部占领，继为张士诚部所据，元至正十六年（1356 年）又为朱元璋部克有。此后，张、朱两部争夺达 10 年有余。

明朝建立后，朱元璋因湖州府地方势力张士诚长期抵抗，特加重湖州府赋税，"湖州钱粮，不独重于宁、绍等府，而且重于杭、嘉二府"，民不聊生，"毙于桎梏，殒于囹圄，自投于沟壑者不可胜数"。为"钱粮易办，地方无虞"，经知府王珣上疏奏准，于明成化二十三年（1487 年），析（古）安吉县南 9 乡置孝丰县（治今孝丰镇），并将长兴县的荆溪、顺零、晏子3乡划归安吉。但孝丰分立后，未及20年，湖州知府何显疏称："岂意分割之后，民益猖獗。""视官府为儿戏，负钱粮如等闲，有所追摄，辄便举号鸣锣，执拿凶器，呐喊拒捕。"明正德元年（1506年），朝廷批准何疏，升安吉为州，次年领孝丰一县。统治者一再调整建制，但无法阻遏乡民的反抗。就在安吉升州不久，即发生规模较大的乡民汤毛九起义。明廷赋税苛重，迫使农民"逋负日多，逃亡相继"，而"豪门巨族招纳逋逃，多至百十余人，少不下四五十辈"，遂致政府所能控制的民户数有减无增。明代，县民虽因赋税沉重而生计艰难，但仍以艰辛的劳动开发着县境。嘉靖年间，安吉丝凭借其优点每当新丝上市，"南京贸丝者络绎而来"；孝丰南境乡民手工造纸；梅溪河泊所的专设，说明山货的大量出境和船筏水运的发展。明末农民起义和清军入关战争，许多民众逃亡流散，出现大片荒地。清自顺治至乾隆，实行奖励垦荒政策，减轻和改革赋税，蠲免明末"三饷"和一切加派，实行"摊丁入亩"。由于统治政策调整和社会安定，安、孝两地经济好转，但较唐宋时期及周边其他地区无法相提并论，清康熙知州曹封祖，在其主持编写的康熙《安吉州志》序中记载了他初到安吉时的情景："乙酉（1669年）之秋，封祖来莅兹土，目击州治之荒凉，民人之凋散，与夫堂庑衙宇之就倾，城郭堤梁之久圮，未尝不惨然在目。展卷周览，若有大异于古之所志"，可见安吉当年荒凉破败的景象。清乾隆六年（1741年），安吉知州刘蓟植"当天目之麓，数被水患，而山田奇零，高下迁缀，主者或自不省记，多忿争，诉牒日至，穷年事奔走，唯振恤之急"。交通的通达度与当地经济的发展水平往往呈正比关系，所以总的来说，明清时期境内的道路分布，基本与唐宋相同，并无明显发展。

清咸丰十年（1860年），天平天国运动波及安吉、孝丰两县，时间长达四年五个月，对两县的经济、文化、交通造成极大的影响，死伤无数，十室九空，交通、道路、桥梁也受到严重破坏。同治后期，清政府以优惠条件招徕外地移民垦荒，豫、皖、鄂和浙东台、绍、宁、温等府的民众纷纷涌入，在这样惨重的灾难之下，艰苦劳动，恢复了生产，两县的经济、文化、交通才得以逐步恢复。

第二章　安吉古代交通的空间分布

城市和市镇是随着人的聚居逐渐形成的社区，区域中心城市即为特定区域的人口集中地。作为满足人们出行和运输方便的交通道路，也因此必定具有以区域中心城市为汇集点和扩张点这一特征。时间维度上的安吉历史发展决定了在空间维度上的交通格局。在历史的车轮中，安吉先后形成了古城、孝丰、安城三大交通中心。

第一节　百年郡治所在地——古城

古城遗址位于现递铺街道古城村，地处山水环抱的河网平川之上，东有苕溪，西有沙河，南靠九龙山、北望笔架山与上马山，东西长 650 米、南北宽 550 米，平面略呈方形，西南高、东北低，总面积达 33 万平方米。城址四周为土筑城墙，大多保存，横截面呈梯形，墙基宽 24—26 米，上宽 12—15 米，残存墙高 4—6 米，残存总长 1900 米左右，东城墙，安良公路以北全被破坏，以南除北段城墙上有一处简易机埠房和一开口 0.5 米宽、约 50 米长的引水沟外，其他保存基本完整；南城墙，除中段约 50 米被修建村道破坏外，其他保存基本完整；西城墙，除安良公路建设约 50 米被破坏外，其他保存基本完整；北城墙，仅西北角大约 80 米段保存。紧连外城墙，有护城河沿古城环绕一周，宽 30 至 80 米不等，贯通苕溪之水。由于水土流失和生产生活等多种原因，护城河部分段落淤积严重。古城共有城门两处，一处是南城门，在南城墙居中偏东的位置，为陆门；一处是在东城墙中偏北的东城门，为水门。

城址范围和整体平面清晰，现大多为农田，未有太大破坏，保存状况良好。

古城遗址只是安吉古城遗址大型遗址群中的一部分。安吉古城是由33万平方米古城中心遗址、外围附属小城、三大墓葬群遗址及其他军事设施遗址等构成的复杂遗址脉落体系。可分为多级遗址，由其不同时期、不同类型、不同等级的遗址构成了跨越朝代最多的遗址集群之一。关联遗址有窑山遗址、墙山上遗址、大庄遗址、山墩遗址；墓葬遗址有龙山越国贵族墓群、上马山古墓群、笔架山古墓群；其他遗址有牛头山遗址、王家墩遗址、晓觉寺遗址等。

窑山遗址，位于古城中心遗迹0.85公里处，总面积10万余平方米，是一处由环濠围绕的高台基址，高台呈方形，边长200余米，相对高度5米左右，环高台有30—130米宽不等的壕沟，东、南、西三面较为明显；墙山上遗址，距离古城中心遗址3公里，总面积2万平方米，周边有一大圈围墙伫立。两座遗址分别位于古城中心遗址的东北和西北方向，遥相呼应。山墩遗址，总面积近40万平方米，根据钻探及地表采集的遗物判断，该遗址文化堆积厚1.5米左右，其内涵及时代与古城遗址基本一致，在2014年的发掘工作中又发现了一批柱洞，不少柱洞外围有圆形、方形、长方形的柱坑，部分柱洞的底部还有柱础石，局部区块排列较整齐。

龙山越国贵族墓群分布于九龙山山脉的多条山脊、山坡及丘陵地带，西至九龙山主峰区域，东至里溪西侧吴家山附近，南接石角山——香炉山北麓，北抵古城遗址。该墓葬群距离古城中心遗址2公里，分布面积达200余万平方米，共发现土墩墓250余座。

笔架山古墓群距离古城中心遗址4公里，由五个墓群组成，总面积31万平方米，有土墩250余座，是由诸多墓群组成的范围较广的墓葬群。笔架山古墓群理论上为窑山遗址与墙山上遗址相配套的古时先人的墓葬区域群。

上马山古墓群距离古城中心遗址3.5公里。因特殊原因，上马山古墓群曾进行过抢救性考古发掘，共出土1万多件文物，战国末至西汉时期均有体现，以西汉为主，也有迄今为止浙江发现的最大的楚式墓葬群。

牛头山位于古城中心遗址3公里处天子湖长隆村牛头山，顶峰山脊犹如鲫鱼背，望台及营房等生活设施遗迹分布清晰，出土春秋印纹陶罐、坛类生活用品残件。

通过对古城遗址的勘探和发掘，发现城址及城墙文化层堆积丰富，出土的陶片标本上溯春秋战国，下至汉晋，并出土有大量绳纹瓦当、兽面纹瓦当、文字瓦当等建筑构件，结合周边丰富的遗存，确认这是一处春秋战国至汉晋时期的高规格的城址。加上处在东西文化的传播走廊及楚越交界处这一特殊位置，安吉古城应是春秋战国、秦汉时期江南地区极为重要的城址。程亦胜先生在《早期越国都邑》中依据古城遗址及其周围古墓群等考古调查资料，结合史书关于吴越两国疆界及吴越檇李、夫椒两次战争等相关史料研究分析，认为早期越国都邑应在古钱塘江以北的太湖南岸，今安吉古城。程永军先生则依据牛头山采集到的文物标本，根据牛头山的地理位置及吴越争霸的史料记载，认为该遗址可能是春秋时期遗留下来的军事遗迹，并根据安吉"畚箕形"的地势、东北豁口外开阔的长湖（长兴与湖州）平原、苕溪水直通太湖等优越的地理位置，和退可入天目山山区、进可攻吴国腹地的有利条件，推测安吉是指挥越国军民抗吴、攻吴的理想后方基地，发挥着指挥、屯兵、备粮、休养等重要作用。暂且不论安吉古城功用到底如何，是时其作为越国重镇的地位是毫无疑问的。《周书》载周成王时"于越献舟"，《慎子》载有"行海者，坐而至越，有舟故也"，《越绝书》"越人水行而山处，以舟为车，以楫为马，往若飘风，去则难从"，可见越人也已掌握较高的造船和航行技术，越国境内河道很多，水行无阻。这与考古发现也是相符的，经考古发掘，古城遗址内有地下河床，水域相通，并与护城河相连，护城河与西苕溪连接，西苕溪向北汇入太湖。而距其东南850米处的八亩墩越国贵族墓群与古城遗址之间也有非常畅通的水路。再结合安吉豁口的地理位置，认为古城应是皖南、江淮地区文化传播、交流的重要节点。

公元前333年，楚败越后，安吉为楚国辖地，楚考烈王十五年（公元前248年），春申君黄歇改封江东，即太湖周围的苏南、浙北、上海、皖西南等地，为加强对封邑之地的太湖南岸的统治，防止越族残余作乱，将古城遗址列为楚国重镇之一，进一步治理苕水，疏浚河道，抑制水患，此时安吉的水运交通得到了进一步的发展。1991年在古城村发现两枚楚国金币，其中一枚边长1.7厘米、厚0.3厘米，重10.4克，币面钤印"郢称"二字，另一枚长1.1厘米、宽0.4厘米、厚0.3厘米，重2.48克，无印文，两枚金币均见切割痕，为使用中的楚金币。截至目前，在安吉北部的天子湖和古城遗址周围等地发现了20余座楚墓，随葬品以典型楚文化特色的泥质鼎、盒、壶、钫等为主，2006年五福M1出了一大批楚文化遗物，包括彩绘泥质陶器、陶俑、木俑、漆木器、铜器等以及在浙江地区发现的唯一的战国楚冥币99件，同时安吉也是浙江地区出土战国铜镜最多的县区。安吉西边是安徽广德县，从广德向西是宣城，宣城之西为南陵，这些由东向西顺序相邻的诸县都出土楚金币，从南陵、广德、安吉到德清，应是战国时期长江南岸的通商要道之一，楚国远距离的商业贩运主要依靠水上运输，安吉便捷的水上交通，将安吉与中原大地和长江以南地区紧密地联系在一起。也正因为在这两方面因素的双重作用下，安吉发现的楚文化遗存在浙江地区最为丰富。

公元前221年，秦始皇统一中国，推行郡县制，全国设为三十六郡，其中鄣郡郡治设置于古城，为"浙省之郡有治所之始"，这在历史文献上有明确记载。当时，"鄣郡"辖区范围很广，"新安江以东，茅山以西，即东至江苏溧阳，西达安徽黟县，北界长江南京之六城十七县皆为鄣地"。秦统一后，筑驰道，重视陆路交通的开拓，全国道路交通有很大发展。

汉武帝元封二年（公元前109年），改鄣郡为丹阳郡，以原鄣郡郡治置县，名故鄣县，古城遗址由郡治降为县治，属丹阳郡。东汉灵帝中平二年（185年），析故鄣县分故鄣、（古）安吉、原乡三县，故鄣县治古城，原乡县治长兴泗安，（古）安吉县治今孝丰镇所在地。直至两晋时期古城遗址仍在沿用，但是否作为各个时代的县城使用，目前还无考古资料来证实，直至公元589年废故鄣、（古）安吉、原乡入绥安时被废弃。

古城遗址是一处越国重镇和秦汉鄣郡郡治的城址，是浙江越文化的文明摇篮。通过对古城遗址的考古调查和发掘证明，该城建于2500多年前的春秋时期，城墙筑于战国时期。相关史料证明，古城是早期越国北疆重镇，秦汉鄣郡郡治所，汉六朝故鄣县治。其交通发展的巅峰应在公元前221年至公元前109年作为郡治所在地时。

【古城遗址使用沿革】

○据《重修浙江通志稿》《湖州府志》《安吉县志》记载：春秋时期始筑城，为越国重镇。

○公元前333年，楚败越，为楚管辖，公元前248年，春申君改封太湖周围的苏南、浙北、上海、皖西南之江东区的吴地，鄣城（今安吉古城遗址）成为当时楚国重镇之一。

○公元前221年，秦统一，置鄣郡，为鄣郡郡治所在地。

○汉武帝元封二年（公元前109年）更鄣郡为丹阳郡，迁治宛陵，古城为故鄣县县治。

○汉灵帝中平二年（185年），析故鄣县为故鄣县（县治：古城）、原乡（县治：长兴泗安）、（古）安吉（县治：今孝丰镇），县域面积减少。

○从城址内出土的两晋时期的文物标本分析，两晋时期古城遗址仍在沿用，但是否作为县城使用，无资料证实。

〇隋开皇九年（589 年），撤故鄣县，并入绥安县，为绥安县使用。

第二节 千年州治、县治所在地——安城

安城，一座古老的袖珍城池，却谓"东南大邑"，形成于唐宋，完善于明清，至中华人民共和国成立后的 1951 年一直是安吉县的政治经济文化中心、浙北商贸的主要集散地。

唐开元二十八年（740 年），县令孔志道迁县治于落石山东南（今安城东），县治几经迁徙，唐天佑四年（907 年）迁至马家渡西（今安城），历经唐、宋、元、明、清及民国。其间，湖州知府王珣奏请朝廷，于明成化二十三年（1487 年），析安吉县南九乡置孝丰县；湖州知府何显奏请朝廷，于明正德元年（1506 年）升安吉为州（安城为州治），领孝丰县至清乾隆三十九年（1774 年）；1937 年，遭日本侵略者疯狂轰炸，城区破败不堪；1951 年，将县政府迁至梅溪。

唐时县令孔志道新建县城"时无城郭"。据清乾隆刘蓟植《安吉州志》载："旧无城郭，止设六门，惟西曰齐云，北曰迎风，余皆无名。"元末，据清同治《安吉县志》载：1356 年，"明兵克安旨，总管张俊德始筑土为城。越一年，延袤六里，高二丈有奇，广半之。"就是说 1356 年开始筑土城。"次年元帅费愚鳌以石"，延伸长度 6 里，高 2 丈余，厚丈余。开始正式设有四个城门：东、南、西、北分别叫宾阳（迎春），丽正（朝阳），宝成（迎恩），拱宸（迎风）。明洪武五六年间（1372—1373 年），知县张士良创建四城谯楼。嘉泰《吴兴志》有载："古来梵路屋址犹存，今县在故鄣城之南，号鄣南。面大溪，望天目浮玉群峰，直去五十余里。左苕溪，右玉磬山岩。""岁久城圮，城濠湮塞。"嘉靖三十二年（1553 年），"知州林壁重修，并增建谯楼、更铺。"

嘉靖三十三年（1554年），"知州江一麟复加高城墙三尺，内土岸以石甃之。"明嘉靖江一麟《安吉州志》中记有莫如爵撰写的《修城碑记》较为详尽地记录了当时修城的必要性和过程。明天启三年（1623年）："洪水冲毁东城墙二十四丈及马路、帮岸，知州张梦时重修。"清雍正五年（1727年）至清咸丰元年（1851年）又重修数次。

从唐朝晚期到民国，安吉人以安城为中心，经营了1000余年，发展成为市井建设布局周密，达到九街十八巷、十二牌坊、七十二水井的规模；街巷纵横交错，主要街道石板平铺，小巷均由卵石铺就；楼阁、亭台、花园、假山、池塘等庭院式建筑错落有致；府衙、文庙、祭坛、学宫等一应俱全；城防体系完善，城外桑树成林，绿竹成荫，"地富丝枲，人用饶益，豪商杰贾，万里辐辏，蔚为东南大邑。"

作为1000多年安吉中心所在地，安吉的交通也必然以安城为中心。据干人俊编著的《民国安吉县新志稿》记载，安吉的陆行古道以安城四门为起点，分别向四方辐射。出东门，过马家渡、上占桥、猫儿桥、青砚桥，到七里亭，走长思岭北麓，再过溪桥，翻过彭家边，走庙施岭西麓，大约有3里长，全由块石与卵石铺筑，到钱坑市，向北通分水岭，到归安县，或翻大山岭又北行折而东过杨濠岭到武康，这一条应该相当于现在的省道；从南门，南行过旱桥，走双井街，过德新渡北岸，在此分为两道：一条是过德新渡，过金家上，到七里亭，过铺前、紫溪渡、吉庆桥、递铺、独松关，过百丈，直达临安，这一条路是当年杭宣古道上安吉连接临安的一部分，全由石块铺筑，特别是安吉县城到递铺，用的全是鹅卵石，修桥铺路工程巨大，清同治《安吉县志》中《重修城南石道碑记》记载了这条古道的修筑过程，这是当时的国道，另一条是过丁家岸、邹家上、狮子渡、塘浦，直达孝丰，自从丁家岸废倾后，过旱桥后直接西折，走小菜园，过泥桥，过石虎山到塘铺，再直达孝丰；再从西门又称宝成门西行，过汪婆桥、双板桥、白云桥，到七里亭，韦驮墩、黄丹铺，过张家桥、凉蓬头、土山岭、生北桥，再过鄣吴、上堡，翻过金鸡岭，就是现存的金鸡岭古道，通达安徽广德，这一条应属于当年杭宣古道上安吉连接南京的一部分；还有一条从北门，称拱辰门，过北川桥、汤家桥、前湾，到七里亭，再走曹埠桥、杨山村、浮塘桥、万埭桥、梅溪、杨家桥、荆湾市、双忠寺、颜村渡，过小溪口桥，到小溪口市直到长兴。

其中，从南门到独松岭，西门到金鸡岭是宣杭古道贯穿安吉境内的部分，这一条北自南京，南达临安的古道，是当时北方通达江南的唯一一条国道，它贯穿安吉东南西北，安城是这条古道的交通枢纽。

同时，安城的水运交通也极其便利，西苕溪、里溪绕城而过。凭借着得天独厚的地理优势，成了船泊云集和货物运输的中转站。顺溪下行，这里"城濒大溪，引水为濠，凿濠为池，仅通舟筏"。古西苕溪流域河床深邃，河面宽阔，水上运输繁忙。在交通运输得到长足发展的基础上，人气渐旺，货物交易频繁。北宋时期，安城俨然成为浙北商贸的主要集散之地。

但人类社会的历史总不是平稳发展的历史，总是充满着停滞与重挫。据文献记载，安城历史上曾遭受过七次特大的洪水冲击，咸丰十年（1860年），太平军克安吉，同治三年（1864年），清军复克安吉，城楼及城内建筑损毁严重；民国二十八年（1939年）四月，遭日本侵略者数架战机轰炸，城内建筑、墙体被炸，整座城面目全非；大跃进时期，城墙上的砖石被拆下用来建水库大坝或建房盖屋；上世纪70年代修建"安泗"公路时，城墙东门被拆除，并将南门处升高，致使西门和北门严重渗水，造成城墙多处坍塌……近年来，省、县两级政府拨款对其进行了逐步维修，使城墙基本恢复了历史的本来面貌。漫漫历史长河，安城目前地面文物遗存尚有城墙、城门与城台、马道、护城河与堤埂、跨河桥梁。

城墙：周长约3000米，横断面呈梯形，下宽6—8米、上宽3—4米、残高1.5—6.8米。除上世纪七十年代因建设安泗公路时，东城门及西城门南侧城墙各拆毁 15 米外，其余均保存较好。墙体黄土及碎砖瓦夯筑而成，内、外立面用条石和青砖包砌。外立面自墙基向上约 1.5 米用条石包砌，错缝平砌，条石长 1 至 2 米不等。上部用青砖包砌。安城城墙几经修复，故城墙用砖规格极不统一，或因建造条件所致，大多采用二次使用宋砖、明砖、清砖等，甚至有代用的旧砖，如汉六朝及唐宋时期的墓砖，多达 70 多种。砌筑方法也不一致，且十分随意，有一丁一顺、一丁二顺、一丁三顺等。

城门、城台：安城地势南高北低，为防城外洪水冲击和城内泄洪，紧临西苕溪的南门相对矮小，北门高大，使得城内进水慢、泄洪快，并且所有城台均设内外两道城门，内城门开闭式具防御功能，外城门槽闸式为防洪所置。现存南、西、北三门的金刚墙均为条石错缝或丁字型平砌，砌逢密合。但拱门部位的构筑方法不尽相同。

环城马道：城墙内侧和外侧原均有马道环墙而行。通过对北城门内侧的发掘，发现城内马道宽 1.3 米，系用青砖顺道错缝搭砌，中间用卵石铺就，散水较大；城外马道系依据城内马道复原，宽 1.8 米，纵向用青砖顺道错缝搭砌，两边用侧石搭砌，散水较缓。

护城河与堤埂：护城河环城构筑，引水于西苕溪，原可通舟筏，宽 20—80 米不等。护城河外侧土筑堤埂，部分地段用木桩加固，全长约 4000 多米，上宽 2—3 米、下宽 8—10 米，残高 5—7 米。内岸距城墙较近处两处筑有护城河护坎，其中一处位于北门东侧 50 米，处有约 80 米长的护城河护坎，残高 2.5 米左右，用不规则的块石砌筑。

跨河桥梁：东城门外护城河原有吊桥，建安泗公路时拆除；南门外石桥，为单孔平桥，系二块条石搭就，长约 4 米，宽约 1.6 米，因 80 年代初农村修基耕路时被填埋于水泥路下。现有桥梁两座，汪婆桥，位于西门外的护城河上，单孔石拱桥，桥长 9.1 米、宽 3.42 米、矢高 4.2 米，桥拱为纵联分节并列砌置，金钢墙用条石错缝平砌，桥东端引桥为块石；北川桥，位于北门外的护城河上，三孔石墩石梁桥，桥总长 26.35 米、中孔长 5.85 米、两侧孔长 6.2 米、桥墩宽 4.15 米、桥面宽 4.35 米、高 5.15 米，桥两侧用石梁中铺石板，石墩与金钢墙用高 0.3 米、长 0.6 米、厚 0.3 米的条石错缝并砌。

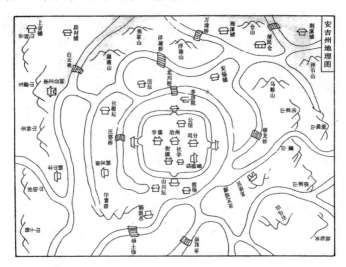

明代安吉州地理图

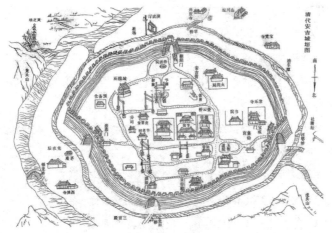

清代安吉城垣图

安城作为县治所在地达千余年。自唐天佑四年（907年）迁至马家渡西（今安城），历经唐、宋、元、明、清及民国，1951年迁至梅溪。其间，明成化二十三年（1487年），析安吉县南九乡置孝丰县；明正德元年（1506年）升安吉为州（安城为州治），领孝丰县至清乾隆三十九年（1774年），作为州治所在地达200余年。这千余年是安城交通发展最为快速的时期。

【安城使用沿革】

〇唐开元二十八年（740年），县令孔志道迁县治于落石山东南（今安城东）。

〇唐天佑四年（907年），迁至马家渡西（今安城）。

〇元至正十六年（1356年），"元至正十六年丙申（1536年），明兵克安吉，总管张俊德始筑土为城。越一年，元帅费愚鳌以石、延环六里，高二丈有奇，广半之，门四：东曰迎春（宾阳）、南曰朝阳（丽正）、西曰宝成（迎恩）、北曰拱宸（迎风）。城濒大溪，引水为濠，凿濠为池，仅通舟筏。"

〇明洪武五、六年（1372—1373年），"知县张士良建谯楼，岁久城圮，城濠湮塞。"

〇明正德元年（1506年），安吉县升安吉州，隶属安吉州，为州治。

〇明嘉靖三十二年（1553年），"知州林壁重修，并增建谯楼、更铺。"

〇明嘉靖三十三年（1554年），"知州江一麟复加高城墙三尺，内土岸以石甃之。"

〇明天启三年（1623年），"洪水冲毁东城墙二十四丈及马路、帮岸，知州张梦时重修。"

〇清雍正五年（1727年），"知州胜兆彬奉敕重修。"

〇清乾隆十二年（1747年），"知州刘蓟植重修。"

〇清乾隆三十三（1768年），"知州张先岸重修。"

〇清乾隆三十九年（1774年），降安吉州为安吉县，隶属安吉县。

〇清道光三十年（1850年），"洪水冲倒城墙数十丈。"

○清咸丰元年（1851 年），"知县郑廷、牟房移书院膏火存款重修。"

○抗战期间，多次被日军占领，房舍大部分成废墟；抗战胜利后，重建一些简陋房舍。

○ 1951 年，县政府迁至梅溪，改名为安城，隶属安城镇。

第三节　千年县治所在地——孝丰

汉灵帝中平二年（185 年），分故鄣县之南立（古）安吉县、原乡县，（古）安吉县治设于今孝丰，此为孝丰建县之始。明成化二十三年（1487 年）湖州府知府王珣以安吉县孝丰等九乡崎岖险远、民艰输役奏设孝丰县，分安吉上九乡即孝丰、天目、鱼池、灵奕、金石、广苕、浮玉、太平、移风等地，设孝丰县，其后一直延续。1958 年，浙江省委对全省县一级行政区划进行调整，撤销孝丰县，其所辖行政区域与安吉县合并，县政府从梅溪迁至原安、孝两县之间的集镇——递铺。

灵帝中平二年始建的（古）安吉县（亦称鄣南），沈登瀛《原乡非孝丰地辩》："古安吉之地，今安吉止得其三分之一，孝丰得其三分之二。"其大部分地区为后来的孝丰县，其县治于孝丰，唐开元二十八年（740 年），县令孔志道迁县治于落石山东南（今安城东）；明成化二十三年（1487 年）分置孝丰县，县治再设孝丰；直至 1958 年孝丰县泯。可见，孝丰既是古安吉县前五百余年县治之故地，也是后来孝丰县连续 472 年县治之所在，也就是说古孝丰城址可分两个时期：（古）安吉县时期（县治迁安城前）及古孝丰县明清时期。而关于（古）安吉县的城址具体位置，目前尚存在多种说法：孝丰镇说、竹根安市说、老石坎说、汉城庄说，对此温菊梅女士从文献记载、考古资料及地理位置三方面进行考证，认为今孝丰镇老镇区主要部分应是（古）安吉县（鄣南）之城址，也是明清古孝丰县之城址，即当时的政治、经济、文化、交通中心。

据旧志记载，孝丰城址平面呈不规则圆形，周长 2261 米。城址外围有一周外包砖石，内为泥土夯筑，高 6.6 米、上宽 3.3 米的城墙。城墙东、南、西、北各开城门一扇。自威风门（东门）外北行折而东至吊桥，经嗣济桥、东木桥、金家街、五里亭、坎村桥至山湾桥南塊，经五山西麓、观音桥、白水桥、邮亭桥、吉庆桥至幽岭，与余杭县分界。自灵龙门（南门）外西南行，经南市、南外庄、三里亭、登龙桥、古柏桥、统溪桥至报福市，经洪圩村、安村、冰坑村、童村、金竹坪至泥岭，与於潜县分界。自通德门（西门）外北行逶东至迎安桥北门干路。自迎安门（北门）外北行过迎安桥北少东行，经北村、白慈桥东、李家弄木桥、塔山岭、茹渡桥、飯山桥、平桥、平冈、上良村至西亩市，经土桥、龙口桥、香田圩、郫吴市北至大五岭，与安徽广德州分界。从"城濠自西跨北，广三丈，至迎安门有迎恩桥，其南溪水绕至东门为三公潭，险堑可守"的记载得知，仅西、北两面有护城河，东、南两面利用南溪作为天然屏障，其宽约 10 米。

孝丰毗连宁广，东界余杭，东南界临安，西南界於潜，北及东北界安吉。环城皆山，"凤凰山峙其左，太阳山镇其右，石语山拱于前，大会山障于后"。"丰岩邑也。据湖上游西北界，连宁广。林深箐密而地旷人稀，南为省会门户，虽四封靖静，抱关可以无讥，而某某为咽喉之区，某某为往来之要，控扼之势，远近之数，不可不夙知也……"高山出泉，溪流多至十数，汇为西苕溪之源。孝丰县之水，因山而区为众流，入安吉境，始合为一。但因水量不及，通往安吉梅溪、湖州的水路，仅赖小舟、白筏，遇干旱即断航，而通往杭州、於潜、临安、宁国、广德的陆路均为山道。

《孝丰县志》载："浙东三郡（即会稽、余杭、吴郡）以吾邑为隘口，吾邑又以是关为隘口，相依唇齿。"充分说明孝丰在江南三郡中险要之地理位置。"自从昔以为吴楚有事，恒为兵争之地。"故置关设险，皆置县之西南。顾祖禹所谓"南国之奥,雄于楚越"者。孝丰县关隘众多,远胜于他邑。《孝丰县志》记载之雄关有十二:孔夫关,县西南六十里金石乡,界宁国;唐舍关,县西七十里太平乡,界宁国;古铁岭关,县西七十里太平乡界宁国;分龙关,县西七十里太平乡极岩岭上,界宁国;虎岭关,县西四十里天平乡,界广德;五岭关,县西北五十里,界广德;大坞关,县东三十里,界余杭、安吉;幽岭关,县东三十五里,界余杭;乌山关,县东四十里浮玉乡,界临安;大关,县东通临安;郎採关,界於潜;独松关,界余杭为邑要隘。作为兵家必争之地,民国期间,孝丰也曾是浙西抗日的政治与军事中心。

由于太平天国运动波及和抗日战争时日机的轰炸,孝丰城留下的遗迹目前仅存东城墙 245 米、南街 300 米和标志性建筑云鸿塔及其他一些零散的建筑构件。

城墙:孝丰城墙现保存最完整的一段位于孝丰镇中心小学围墙东北角至东南角,全长 245 米,上宽 2.5—3.5 米,残高 2.5—3.5 米。根据现存城墙的剖面分析,该城墙的砌筑为外侧用长 2—3.5 米,高 25—35 厘米的条石叠砌,内侧用块石垒筑,中间填土。其余只有断断续续几段埋在城内或露出几十厘米在外。城墙顶部城垛以及内城墙早已不存。

南街:街区呈东西走向,民居排列于街道的南、北两侧,北始于东、西街交界处,西止于关帝庙,呈曲折形分布,长 600 余米,宽 100 米,现保存段基本集中于狮古桥以西 400 米路段。由于当时不是统一规划与建造,其形制、体量、建筑风格皆存在差异,有的为砖木结构二层楼或一层楼,有的为石木结构二层楼或一层楼。有的为店铺排门式,有的为三间或二间居住式结构。有的为店铺与后进相通,有的不相连接。根据街区建筑的木作结构分析,为清末至民国初期。

云鸿塔:位于孝丰城东社区宝塔山上。光绪版《孝丰县志》载:"云鸿塔,县东南三里许在山上,嘉庆丁巳年生员吴焕廷创议捐建。"该塔八面七层、砖身木檐楼阁式实心塔,通高 34.55 米,由塔基、塔身、塔刹三部分组成。塔基用长条石砌在石灰岸上，八边形，每边长2.2米。塔身设转角倚柱，一层隔面设壶门，隔面设字堂，二至六层隔面设壶门龛，隔面设字堂，七层每面设壶门龛，原壶门龛内安放着"魁星点斗"木刻造像一尊，每尊造型各有细微差别。壶门龛内还有上大下小方形木斗，斗座底部有"七星图"，壶门面下饰砖雕栏杆，平刻曲线纹组合，两侧望柱为兽面，顶部莲花状，四至七层字堂上下饰砖雕龙形纹。四层东西两侧宿腰处各嵌一块石碑，东面阴刻"其道大光"四字，落款为阴刻"戊午九秋，长沙黄友教题"，下方朱文方章"臣友教""丙午省元"；西面正中阴刻"云鸿塔"三字，上款为"大清嘉庆三年岁戊午秋九月穀旦立"，下款为"敕授文林郎知孝丰县事加四级长沙黄友教题"，下刻印章二方，与东面相同。塔檐以木构筑为主，斗拱承托出檐，飞檐挑角。檐枋、檐桁相交，下附砖壁拱，转角处耍头上用挑檐枋榫卯相连接，用老角梁挑出，再用子角梁起翘，两角梁之间用千斤梢，梢头为方形卧莲瓣状。挑檐枋上铺板瓦，筒瓦覆盖，勾头瓦上饰龙、虎、蝙蝠等图案。瓦脊上饰走兽、人物等塑像，蝴蝶形舌片滴水瓦，檐下绘有花草、动物及辟邪图案。檐角梁上挂钟形风铎，原每檐角一个，共56个。每层设平座，砖砌栏杆，与塔边数相同，每边列柱，共24柱，柱上端阴刻卷云纹。八角形攒尖顶，垂脊上塑脊兽。整座塔身用石灰抹面，墙面饰简单几何形线条。塔刹，铁质，高6.6米，由多个构件组成，主要有覆钵、露盘、刹杆、相轮、华盖、圆光、宝瓶。露盘呈喇叭状，口沿外铸有八卦图，中间有朱纹"云鸿塔"落款嘉庆五年。相轮七重，呈下大上小的锥形。华盖形似覆莲状，有八瓣莲状翘角，挂浪风索牵至檐角以固定塔刹。2002年，孝丰镇人民政府对塔进行维修时，于五至七层壶门龛内发现18件魁星木雕造像，分别位于塔五层东南、南、西、北，六层东北、西北、西南、东南、南、北，七层西、东南、南、北、西南、西北、东北、东。造像主体为"魁星点斗"的木雕，因受风雨多年腐蚀，木质开裂，腐蚀现象较严重。

魁星头上有一独耳，头发向上竖起呈三角状，发为红色；面部轮廓饱满，两道浓眉下双眼圆睁，两耳下垂，耳上佩戴圆形耳环；赤足，左脚翘起，右脚立于鳌头之上。因腐蚀，魁星所着衣饰较为模糊，只护肩与衣结较为清晰。木雕背部皆有一外方内圆的孔，用于将木雕固定于龛内。长方形，平座。底座上端雕刻鳌头，张嘴、两眼突出，两角与须皆向后；底座下端外撇，四面刻有水纹。整组木雕造像形象生动、精致。

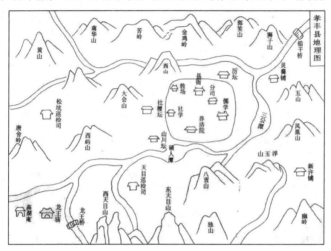

明代孝丰县地理图

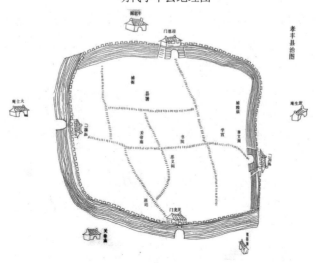

清代孝丰县治图

孝丰作为(古)安吉、(古)孝丰县治所在地达千余年。汉灵帝中平二年(185年),分故鄣县之南立(古)安吉县,县治设于今孝丰;至唐开元二十八年(740年),县令孔志道迁安吉县治于落石山东南(今安城东);明成化二十三年(1487年)以安吉县孝丰等九乡设孝丰县,一直连续1958年。

【孝丰使用沿革】

○汉灵帝中平二年(185年),故鄣县之南境立(古)安吉县、原乡县,(古)安吉县治设于今孝丰。

○唐开元二十八年(740年),县令孔志道迁安吉县治于落石山东南(今安城东)。

○明成化二十三年(1487年),析安吉县南九乡:孝丰、天目、鱼池、灵奕、金石、广苕、浮玉、太平、移风置孝丰县。

○明弘治元年(1488年),筑土城,周610丈。

○明万历四年(1576年),知县王国宾,更土为石,周679丈、高2丈、厚1丈,设4城楼、4城门。

○清雍正五年(1727年),重修。

○咸丰、同治年间,遭兵燹,城半塌。

○同治十三年(1874年),修复,城周增至694丈,4门添建谯楼。

○抗战期间,遭日本侵略者轰炸、烧掠,破坏严重,战后建设甚少,至中华人民共和国成立前夕仍遗留战火残痕。

○1958年,合并孝丰县与安吉县,县政府从梅溪迁至原安、孝两县之间的集镇——递铺。

第四节　京都大门——建都临安后的安吉

一般来说，无论古今，当一个城市在全国或区域范围内具有了一定的中心地位，其必然对周围地区产生一定的辐射作用，影响或改变周围地区，特别是城市的地位及面貌。南宋定行都临安府（今杭州），使临安因经济中心南移之势在 12 至 13 世纪成为一个在政治、经济和文化上均具中心地位的城市，并对周围地区产生了持久的影响。安吉的政治地位也在这股历史潮流中上升为京都的西北屏障。

为了国家安全、政局稳定、治理有序，一套中央与地方及时上陈下达的通信系统是十分必要且必需的。北宋末年旧有邮传系统已积弊日深，南宋政权建立后，为保证文书快速准确传递，对邮传的整顿和恢复显得尤为迫切，其中南宋以临安为中心的江浙地区是南宋邮传建设的重点。安吉位于临安的西北方，其重要地位不断凸显，自临安北郭铺，向西行至余杭县横渎铺时，再向北"至余杭县末界南独松铺，（共一十一铺），接连安吉县界"。临安府经安吉可至池州、太平州、建康府。临安府西行，经独松关、安吉、广德军、宁国府可至池州路；临安府北郭铺西行，经独松关，可至宁国府再至太平州；临安府至建康府，以从临安北郭铺西行，至余杭县横浦铺转而向北，经独松关、安吉县、广德军而至建康府之路线最为便捷。同时，南宋建都临安（今杭州），因外国使节和各地官员来京朝拜络绎不绝，境内驿道和驿馆增多。驿道十里设铺，三十里设驿，每铺设铺司一名，铺兵要路十名，僻路五名或四名。因金国军马时时侵扰南宋，故设急递铺，日行 400 里，传报紧急军情和皇帝诏命。安吉是临安（杭州）西北屏障，地势险要，位置重要，故在递铺滩设永安总铺，号称"六百里加快急递铺"而得名递铺。嘉泰年间（1201—1204 年）安吉设尹家、郎家、钮家、独松、西门五铺，并设安吉（今安城南门）、独松马驿。

不仅如此，因南宋持续受到金和元的军事压迫，以临安府为中心的江浙，及其与两淮、江汉等区域的连接地带，成为军事设防及相关建设的重点地区。临安西北的安吉再次成为一个战略要地，特别是境内的天目山脉作为防御来犯之敌的一道天然屏障，发挥了重要的作用，出于军事需要，设立多处军事关隘，县境与余杭交界的独松关、幽岭关和余杭百丈关称为"天目三关"，在西郊与安徽宁国交界处设唐舍关和铁岭关以控制建康至杭州要道。清同治《安吉县志》载：独松关在州南四十里独松岭上，关以内皆石塘大路，狭处仅容单骑，唐武德四年李子通据余杭，杜伏威将王雄诞击之，子通以精兵守独松岭，熊诞遣别千人乘高据险逼之，多设疑兵，子通遁走。宋建炎三年（1129年）金完颜弼（兀术）自广德过独松岭，见无戍者，叹曰"南朝可谓无人矣，若有一二千人，吾辈岂能渡哉"。南宋德祐元年，元右军阿剌罕自建康经广德，攻打独松关时曾与宋军进行了殊死鏖战，清同治《安吉县志》载："<宋史>德祐元年乙亥，元兵发建康，参政阿剌罕、四万户总管粤鲁赤将右军出四安镇趋独松关，遂破四安镇正将吴明死之，破独松关冯骥死之，张濡遁临邑。……独松关遂陷之，临安震惧。"交战过程中，宋廷急调文天祥增援，"……天祥提兵至平江，则元兵已发金陵入常州长驱至独松关，亟诏天祥弃平江，回守余杭抗擢知临安有戍。"惜文天祥率军赶到之时，独松关已是一片哀鸿。文天祥悲愤作诗云："我来属危时，朝野色枯槁。倚君金华省，不在相逢早。"足见其重要性。明都御史凌说曾作《独松冬秀》诗："撞破关门山势开，树头云起唤龙来，擎天老干高千丈，傲雪贞标压众材。"

如今，在安吉境内的天目山东西两支山脉中，仍遗存着大量的南宋王朝为抗击北方金兵而构筑的军事防御实施，诸如关隘、瞭望台、烽火台等遗迹。

独松岭遗迹：位于安吉双溪口村关上自然村南的山体上，与杭州市余杭区交界，为天目山东支山脉中间段。在古代，独松岭为建康（今南京）至临安（今杭州）的主要陆路通道。独松岭遗迹主要有关隘、古道及石构建筑。

烽火山遗迹：烽火山位于昌硕街道双溪口村凤凰湖水库东侧，海拔317米，南距独松关约1200米，山体陡峭。在山脊线和北麓山坡分布着土坛和石构建筑遗迹。

战马墩遗迹：战马墩位于灵峰街道霞泉村东北，海拔490米。东北距独松关约3000米。在战马墩连绵群山面积约4平方公里的范围内，发现的主要遗迹有山顶平台、垄岗、池塘、土坛、建筑基址和古道。

石马山遗迹：石马山位于昌硕街道三友社区石马村下村自然村东南，东距铜岭3000米，西南距独松关6000米，西距安吉县城5000米。在石马山发现关隘和古道遗迹。

狮子山至大王山山脊线遗迹：从狮子山到大王山约50公里的山脊线和山体中，发现关隘。

牛头山遗迹：牛头山为天目山西支山脉向东北延伸的最后一座山峰，位于天子湖镇长隆村南，海拔297米。牛头山孤峰凸起，山脊尤似鱼背，北侧悬崖峭壁，南侧相对平缓。其北面为广阔的坝区平原，南面为低山丘陵，东距九龙山5000余米。牛头山遗迹主要为石构建筑基址、石灶、灰坑、石刻和栈道。

第三章　安吉古代交通遗存

交通路线是交通发展的最基本特征，是一定时空范围内交通发达程度最直接之说明，而各种交通设施，如路面、津渡、桥梁之建造和亭舍、驿传、关隘之设置，亦是交通发展的有机组成部分。它不仅是具体交通发达程度之反映，也是衡量一个地区交通发展水平的重要标准。

第一节　古　道

"道路者，文明之母，财富之脉也。"这些凝聚安吉先民的智慧和艰辛、见证王朝兴衰和文明发展的古道，历经千百年的岁月磨砺和风雨雪霜，留下了厚重的历史文化遗产和亮丽的自然人文景观。

"古道者，古来人世跨空移时、运往行来之途；贯穿朝代、纫忧缀乐之线。"

古道是人与自然长期磨合、缓慢形成的，始终伴随着人们的生产生活，而不断延续和发展着。随着历史的发展，安吉古道先后形成了以古城、安城、孝丰为中心的交通中心圈，向四周扩散。据清乾隆《浙江水陆道里记》载：安吉有陆路干道4条，116.1里，支路6条，150.9里；孝丰有陆路干道3条，120.1里，支路15条，447.4里。随着历史的变迁，经过历朝历代的开发与扩建，由驿道、大道、便道构成的古代道路网演变成了今天的国道、省道、县道构成的现代公路网，交通中心圈里的古道早已被便利的公路所取代，剩下更多的是散落于山野的古道文化遗存。

目前，安吉境内千米以上的古道遗存有 40 余处。绝大部分集中在县境东、南、西部山区。以天目山主峰龙王山为起点，向东延伸的东支山脉连绵的群山里，其中与余杭、临安、德清交界的原递铺、梅溪、山川等乡镇分布最多。在天目山西支山脉起伏的山体上，相对较少，仅在杭垓、鄣吴、良朋等地发现零星几处。在中北部的平原地区，因建设开发较频繁，数量更少。

年代上，从碑刻题记、道间桥梁的砌筑工艺分析，安吉的古道遗存以明清居多，多是当地民众为了生产生活而建，如回峰岭古道旁的路碑，明确记载了该古道建于康熙三十七年（1698 年）；也有建于宋或宋以前的，"靖康之变"后，宋室南渡，南宋绍兴八年（1138 年），定都临安（今杭州），安吉成为都城临安的西北屏障，再次成为一个战略要地，出于军事需要，设立多处军事关隘，穿关而过的古道，如坑岭古道、铜岭古道、高坞岭大岭古道、半岭古道等皆筑于宋或宋以前。

铺筑方式上，主要根据山体地貌而定，有像牛头山古栈道利用自然岩石凿成的"山道"，也有以块石或卵石砌筑而成，多就地取材。古道在各时期的用途也是不一的，其大部分时期应是便民之道；穿关而过的古道在战乱时期，是军事要道，在和平年代必然为便民之道；这里不得不提到独松关古驿道，从安城南门到独松岭，安城西门到金鸡岭是宣杭古道贯穿安吉境内的部分，这一条北自南京，南达临安的古道，是当时北方通达江南的唯一一条国道，现存金鸡岭段和独松关段是当时重要的邮驿之道，并在境内的道间设置诸如递铺、独松关等这些与邮驿密切相关的驿站与关隘。

古道是因为交通而发展起来的，崛起是顺应了历史发展的潮流，消失也是顺应了历史发展的潮流，无论是消失了的，还是仍存在的，曾经的繁华都能留给人们无尽的想象。在几千年文明历史的烟尘中，这些古道所承载的，不只是奔波于道上的人们而已，还有路的这端与那端的文明。

坑岭古道：位于递铺街道南北庄村东南铜关至坑岭的强盗湾山体中，自赤渔村越坑岭至德清县。东近铜关，西与德清县交界，北接连绵的山峦。根据方志记载，该古道东端的铜关为建于宋代的关隘（现已毁），历史上为安吉至莫干山的交通要道。古道呈东西走向，现存全长约840米，路宽1.6米。古道用卵石和块石间以铺就，中间一块相对较大，两面散水。古道依山体时而平铺，时而拾级。

铜岭古道：位于递铺街道南北庄村铜关至铜岭的大鸡山东北侧山体中，自赤渔村越铜岭至德清县。东连坑岭，南接铜岭，西邻大鸡山。据方志记载，该古道北端为建于宋代的铜关（现已毁），结合古道的铺筑方法，该古道修筑于宋代（不排除更早），历史上为安吉至莫干山的交通要道。古道南北走向，现存段全长366米，宽1.4—1.6米，卵石铺筑，中间一块相对较大，两侧铺散水，依山体时而平铺，时而拾级。

百步栈古道：位于昌硕街道双溪口村关上自然村至芽山顶的山体上，自关上自然村越芽山至余杭芽山自然村。四周皆为连绵的山体。古道东北西南走向，块石铺筑，原长971米，现存长562.72米，宽1.2—2米。现存古道依山体时缓时陡，近山顶100米处的一段长40米拾级而上的台阶，陡峭而弯曲，砌筑相当规整。古道沿途有石拱桥、石梁桥各1座。石拱桥桥面长6.54米，宽1.9米，通高1.83米，拱跨2.1米，矢高1.27米，拱圈与金刚墙为石块砌筑。石梁桥长5米，宽1.2米，通高2.1米，孔跨2米，桥面为两块条石并列。

田亩岭古道：位于昌硕街道高坞岭村北庄边自然村至田亩岭的山体中，自北庄边越田亩岭至石鹰村。东连捏条坞，南接长平塘，西邻四平山，北壤北庄边。古道南北走向，现存完整段长794米，宽1—1.5米。古道块石铺筑，中间一块较大。拾级而上的台阶砌筑整齐，部分路段铺筑随意。古道观音石段西侧立高190厘米、宽36厘米、厚12厘米的花岗岩石质碑刻，阴刻行书"观音石"三字，字径16厘米。

独松古道：位于昌硕街道双溪口村关上自然村独松关至独松岭的

山体上，自关上村越独松岭至余杭独松村。古道东连高桃顶向西延伸的山脉，南接余杭独松村，西邻直大山向东延伸的山脉，北壤关上自然村。该道为历史上临安（今杭州）至建康（今南京）陆路捷径之要道，《新唐书·地理志》载："唐宝历二年（826年）余杭县令姚筑甬道，通西北大路，高广径直百余里，行旅无山水之患。"该古道南北走向，安吉境内约1100米。古道用卵石或块石铺筑，依山体时缓时陡，平缓时平铺，陡峭处台阶铺筑。古道沿途有卵石构筑的石拱桥1座，自然条石构筑的石梁桥3座。

半岭古道：位于昌硕街道三友社区石马村下村自然村至张家岭自然村大小岭的山体中。东连张家岭，南接道长山，西邻下村，北距馒头山400米。根据清同治《安吉县志》载：高坞关在高坞岭，系南宋时筑。历史上该古道属于高坞岭管辖，再结合该关隘的构筑与南宋关隘独松关对照，两者形制基本相同，由此分析推断该古道当修筑于宋代（或更早），历史上为安吉至莫干山的主要通道。古道东西走向，现存长1447米，宽1.2—2米，块石和卵石铺筑，中间一块相对较大，两边相对较小，部分路段路面散水明显。古道依山体时缓时陡，平缓路段卵石平铺，陡峭山体台阶铺筑。古道上间有古桥6座和关隘1处，其中石拱桥2座，石梁桥4座。拱桥为卵石拱筑，石梁桥为2至3块条石并列铺筑。关隘南北向，块石垒筑，长16.6米，其中关门宽2米，深6米，残高3.5米。

大小岭古道：位于昌硕街道三友社区石马村东南3公里大小岭山体中，古道始于大岭山脚，越大岭山至石鹰村，为古时石马至石鹰的主要通道。古道呈西北、东南走向，原长2190米，现存长1153米，宽1.6—2.2米。古道系块石铺筑，其中中间块石较小，两侧相对较大，依山体时缓时陡，有平铺，有台阶。古道沿途原有石拱桥1座，现已改成水泥桥。

桃花岗古道：位于灵峰街道碧门村东王家坞至桃花岗的山体上。东、北连山脉，南邻火烧山，西接王家坞。古道原为安吉至余杭的陆路通道之一。古道东西走向，始于王家坞回车场，止于桃花岗，原长1585米，现存长1057米。古道用不规则块石铺筑，宽1—1.8米，依山势时缓时陡，时而平铺，时而拾级，铺筑较随意，大小石块间隔无规律，拾级时铺筑稍规整。

高坞岭大岭古道：位于昌硕街道高坞岭村蒋家村自然村至石马村张家岭自然村的山体上，自蒋家村越大岭至石马村张家岭自然村。东界德清县，南与石鹰村相连，原为安吉通往德清的主要道路之一。古道现存长约1200米，其中保存完整段约700米，路面宽1.2—1.8米不等。块石铺筑，中间一块卵石相对较大，两侧块石相对较小，沿大岭山势走向时缓时陡，陡峭处有台阶。古道上间有单孔石拱桥1座、平桥2座。石拱桥拱圈与金刚墙均为块石砌筑；平桥桥面均用条石并列铺就，金刚墙由块石砌筑。

禹山坞小岭古道：位于昌硕街道高坞岭村禹山坞村南的小岭山体上，自禹山坞村越小岭至蒋家村自然村。东与德清县相邻，南与蒋家村相连。原为安吉通往德清的主要道路之一。南北走向，现存长2200米，其中高坞岭村内约500米、禹山坞村内约1700米，路面宽0.7—1.8米不等。古道铺筑，中间一块卵石相对较大，两侧块石相对较小，古道沿小岭山势走向，时缓时陡，穿行于竹林中，陡峭处有台阶。古道上有单孔石拱桥1座、石梁桥3座、凉亭遗址1处。石拱桥拱券与金刚墙均为块石砌筑；石梁桥桥面均用条石或大块石并列铺就，金刚墙由块石砌筑；凉亭为石砌，仅存石墙。

里蛟河古道：位于昌硕街道高坞岭村里蛟河自然村至白石坞自然村的山体上，东界德清县境，自里蛟河自然村越岭头至白石坞自然村。西北距高坞岭1300米左右。现仍作为里蛟河自然村至白石坞自然村的主要通道。古道东西走向，全长约750米，路面宽1.5—2.8米不等。古道为块石和卵石铺筑，沿岭头山势起伏而筑，平缓时平铺、陡峭处有台阶，其中里蛟河自然村内古道路面部分用石条规整铺砌。古道沿途有 2 座石梁桥，桥面均由条石并列铺筑，金刚墙为块石砌筑。

金鸡岭古道：位于鄣吴镇上堡村上堡自然村西南金鸡岭山体上，自上堡越金鸡岭至孝丰镇白杨村，北通安徽广德，南达孝丰白杨村。西北距对面山约 30 米，南距团树岭 300 米，东距后山约 20 米。该古道筑于南宋或更早，历史上是建康（今南京）至临安（今杭州）的必经之路。古道南北走向，全长约 1500 米，其中保存完整段约 700 米，路面宽 1.6 米左右。块石铺筑，沿山体时缓时陡，平缓时平铺，陡峭处拾级砌筑。古道北端起点东侧有一通路碑，青石质，不规则长方形，碑高 60 厘米、宽 35 厘米、厚 20 厘米，上镌刻"孝丰邑金鸡岭大路左手上"。金鸡岭上原有关隘，现已毁。金鸡岭古道是古代贩丝商人的主要通道，是连接西天目和安吉龙王山的一条古商道，浙江海拔最高的一条古道，平均海拔 1400 米以上。

五里路古道：位于山川乡九亩村九亩田自然村东北的山体上，自九亩村越柘石岭至船村，当地人称五里路，东界余杭镇，南邻临安县，西北与天荒坪镇相接。历史上为九亩田通往山川的唯一通道。古道现存全长约 2500 米，路面宽约 1—1.8 米，古道块石铺筑，时宽时窄，平缓时平铺，陡峭处有台阶。古道沿途有 2 座石梁桥，横跨山溪，桥面均为条石并列铺筑，金刚墙为块石砌筑。

桃花岭古道：位于山川乡九亩村九亩田自然村至临安县高虹镇大山村桃花坞的山体上，自九亩田越桃花岭至临安县高虹镇大山村桃花坞。东界余杭镇，南邻临安县，西北与天荒坪镇相接。现仍为当地村民至临安的通道之一。古道东西走向，现存全长约 1800 米，路面宽 1.3—2.4 米之间。古道用不规则块石铺筑，铺筑时宽时窄，平缓时平铺，陡峭处有台阶。

百步岭古道：位于山川乡船村村水淋坑自然村东南的山体上，为水淋坑自然村至临安县石门乡老虎坝村道路。东连和尚石山，西邻石门坑，北为乌南坑。现仍为当地村民通往临安的交通道路之一。古道呈南北走向，全长约 1500 米，路面宽 1.2—1.4 米。古道系块石铺筑，时宽时窄，平缓时平铺，陡峭处有台阶。古道与山间小溪时而相交，时而平行，相交处原有木桥，现已冲毁。

九曲岭古道：位于山川乡大里村秋田坞自然村西北的山体中，自秋田坞自然村越阴坚石东侧至绪目自然村。东界余杭镇，西邻临安县，西南与船村相邻。历史上为两村的交通之道，现已不再使用。古道呈东西走向，起于杨梅坞小电站，越阴坚石东侧山脚，至绪目自然村，全长约 1600 米，其中保存完整段约 500 米，路面宽 1.4 米左右。古道为块石及卵石铺筑，铺筑时宽时窄，平缓时平铺，陡峭处有台阶。古道中经 2 座石梁桥，横跨山溪，桥面均为条石并列铺筑，金刚墙为块石砌筑。

章里古道：位于章村镇章里村章里自然村西的山体上，自章里自然村越云龙山通往高二村。南界临安县，西交安徽省宁国县，北与杭垓镇相邻，东接报福镇。现仍为章里村至高二村的主要通道。古道呈东西走向，起于章里汀步桥沿牛王庙至新庙于高二村下半沙自然村，全长 1250 米，路面宽 1.5—1.6 米。该古道为块石砌筑，沿山体走向，蜿蜒而行，平缓处平铺，陡峭处有台阶。

水家里古道：位于章村镇高山村水家里自然村东北的山体上，自水家里自然村越横坞山至上横坞自然村。南界临安县，西交安徽省宁国县，北与杭垓镇相邻，东接报福镇。原为高山村通往缫舍的必经之路。古道呈南北走向，全长约 1500 米，其中保存完整段 630 米，路面宽 1.4 米左右，块石铺筑，系中间一块石相对较大，两侧块石相对较小，沿横山坞山体蜿蜒而行，平缓时平铺，陡峭时有台阶。古道沿途有单孔石拱桥 1 座，横跨山溪，桥长 6.6 米、宽 2.8 米、通高 4.3 米、拱跨 4.6 米、矢高 3.7 米。桥面、拱圈与金刚墙均为块石铺筑。

上舍大岭古道：位于梅溪镇上舍村大岭脚自然村东南大岭脚，自上舍村大岭脚自然村越大岭顶至湖州吴兴区梅峰乡上方村。东与吴兴区梅峰乡界，南为石岩山，北为西坞。古道东西走向，全长 1500 余米，路面宽 0.8—1.8 米不等，其中村口至拱桥处路段遭破坏，完整段始于拱桥处，约 1000 米。古道为卵石与块石铺筑，沿着大岭山势起伏而筑，平缓时平铺，陡峭时有台阶，沿山势并有石砌墙体护坎。古道沿途跨 1 条山溪，有 1 座单孔石拱桥，为块石砌筑，桥长 4.5 米、宽 1.5 米，通高 2.7 米、矢高 2.2 米、拱跨 1.9 米。

诸岭古道：位于梅溪镇长林垓村姚良自然村良村自然村西南的诸岭山体上，自良村越诸岭至隐将。东北为良村自然村，西南接隐将村，西北为阴家坞，东南为四面山。原为隐将与良村之间的主要道路。南北走向，全长 1000 米、路面宽 1.5 米—2.7 米不等，其中完整段约 800 米。古道为块石和卵石铺筑，中间一块石相对较大，两侧块石相对较小，沿诸岭山势起伏而铺筑，平缓时平铺，陡峭时则有台阶。古道南端有一界石，为花岗岩石质，高 55 厘米、宽 30 厘米、厚 12 厘米，界石上阴刻行书"诸岭南经隐将北经良村禁止拖木"。

苍蒲上古道：位于梅溪镇梓枋村苍蒲上、大山岭山体上，自钱家桥至正坞里处分岔分别至苍蒲上和大山岭。南距德清县境 200 米，东接张家山村喻家舍自然村，西北连梓枋村。原为梓枋村通往德清县境及递铺街道南北庄村的主要通道，现已无人行走，仅作生产林道使用。古道南北走向，全长 1700 米左右，路面宽为 0.8—2.3 米不等。古道系块石与卵石铺筑，中间一块石相对较大，两侧块石相对较小，沿山势起伏而筑，平缓时平筑，陡峭时有台阶，部分路段为山石直接开凿而成。

狮岭古道：位于孝丰镇溪南村冷水坊至上墅乡罗村村的山体和农田中。东距程家自然村 300 米，南距黄连坞、山羊坞约 3000 米，西距溪南村约 2000 米，北至角尖山 2000 米。历史上为上墅通往孝丰的交通要道。古道东西走向，全长 1200 米，宽 1.8—2.7 米。古道为卵石铺筑，中间较大，两侧略小，山体顶部处约 5 米长为原山石凿成。古道沿途有卵石砌筑的单孔石拱桥 1 座，东西走向，横跨山溪，平面略拱起，全长4.8米，桥面宽2.1米，拱券为大卵石砌筑，净跨2.1米，矢高1.6米。

回峰岭古道：位于上墅乡龙王村东坞村石塔底自然村南回峰岭山体上，自石塔底越回峰岭至临安境。南与临安县交界，东与天荒坪镇相交，北距大岭脚自然村约700米，西距独山寺自然村约1500米。修建于康熙三十七年（1698年），原为上墅乡龙王村东坞村至临安县林梅乡白沙村的老路。古道南北走向，全长1050米左右，路宽1.8—2.2米之间，用不规则块石铺筑，中间一块块石相对较大，两侧块石相对较小，平缓时平铺，陡峭时则有台阶，部分台阶用山体岩石凿成，遇溪水则用汀步代替。古道沿回峰岭山势起伏蜿蜒。古道至海拔800米处有一古松，古松下有一花岗岩质自然巨石，巨石上有摩崖石刻，阴刻楷书，长115厘米，宽62厘米，额题为"碑记"二字，字径6厘米，正文共9列，每列9字，因风化严重，字迹已模糊不清，内容大致记录临安、安吉界址及修筑过境道路的缘由等，款署"康熙三十七年立"。

马鞍岭古道：位于梅溪镇三山村何家边自然村西南马鞍岭山体上，为三山村越马鞍岭至湖州吴兴区梅峰乡关上村。西北距何家边自然村约400米，东界吴兴区、长兴县，南北两侧为山脉。原为安吉通往吴兴的主要道路之一。古道东西走向，全长800米左右，其中完整段约350米，宽约1.4米，用不规则块石铺筑，铺筑方法为中间一块块石相对较大，两侧块石相对较小，沿马鞍岭山势起伏，平缓时平铺，陡峭处有台阶。古道所经的关岭为安吉县、长兴县、吴兴区交界处。关岭北侧山顶上有人为砌筑的石墙，据当地老者介绍此处为金竹关遗迹。清同治《安吉县志》载：金竹关，在州东北四十五里崑山乡接长兴界。

罗岭头古道：位于梅溪镇三山村墙门里自然村至上舍村下半里自然村的罗岭头山山体上，为墙门里自然村越罗岭头山岗至上舍村下朱家自然村。现仍为三山村通往上舍村的交通道路。古道南北走向，全长约850米，宽度0.8—1.5米之间。古道为块石与卵石铺筑，中间一块块石相对较大，两侧块石相对较小，沿罗岭头山势起伏而铺筑，平缓时平铺，遇山岗时则有台阶。

俞家舍古道：位于梅溪镇铜山村张家山自然村至俞家舍自然村的直坞坑山体上，自张家山越直坞坑至俞家舍。西北距张家山自然村约 300 米，南界德清县境，西为光家山余脉，东为金子山余脉。古道南北走向，全长 2500 米，路面宽 1.5—2 米不等，其中保存完整段约 1500 米。古道为块石铺筑，中间一块块石相对较大，两侧块石相对较小。沿着直坞坑山岭和山溪而上，随着山势起伏而筑，平缓时平铺，陡峭时则有台阶。

龙华寺古道：位于梅溪镇路西村南楼坞自然村西南地堂山山体上。西与溪龙乡外黄杜相接，东距独山头至路西公路 1500 米左右。原为南楼坞自然村至龙华寺道路。古道东西走向，全长 1200 米左右，路面宽 1.4—2.9 米不等，块石铺筑，中间一块块石相对较大，两侧块石相对较小。沿地堂山的山势起伏而铺筑，平缓时平铺，陡峭时则有台阶。古道南侧有山溪，并横跨单孔石拱桥 2 座。

三山古道：位于梅溪镇三山村何家边自然村至三山头的山体上。东南紧邻吴兴区，北距马鞍岭约 1000 米，西距罗岭头古道约 2000 米。现仍为三山村通往三山山顶的唯一道路。古道南北走向，全长 1000 米，路面宽 1.5 米左右，其中完整段约 400 米。古道为块石铺筑，部分路段因生产活动的破坏露出泥土路基，古道沿三山山势起伏而铺筑。

第二节　古桥

西苕溪是安吉的母亲河。古往今来，在西苕溪上，安吉人民利用自己的智慧，遇水架桥，筑造起一座座不同的桥梁。

桥梁是空中的道路，《说文解字》云："梁之字，用木跨水，则今之桥也。""凡独木者曰杠，骈木者曰桥。"在浩瀚林总的交通体系中，桥梁是不可或缺的重要组成部分，有着自身特有的发展体系。几千年来，人们无时无地不在造桥修桥，桥梁数量之多，形式之多样化，自不待言。

安吉自古江南水乡，水网密布，境内西苕溪由西南向东北斜贯全境，这使得安吉境内桥梁众多。据现有历史资料记载，境内最早石桥建于南宋，大部分石桥系明、清两代始建和修复。清同治《安吉县志》和光绪《孝丰县志》载：两县有桥281座，历经千秋，自然坍塌和战争焚毁117座，建水库淹没19座。中华人民共和国成立前，安吉、孝丰县民间桥梁以石桥为主，亦有少量木、竹桥，石桥为圆拱式、石梁式，竹木桥多为简支排架式。中华人民共和国成立后，各级政府重视民间桥梁建设，采用民办公助集资形式将116座危桥改建为钢筋混凝土桥和石拱桥。据相关资料显示，现在还保存并能使用的古桥有120余座。

桥梁的形成和发展与自然的地形、地貌息息相关，因山区、丘陵、平原而有所不同。山区是河流的源地，多细小的溪涧，桥梁数量多而长度较短；丘陵地区居河道中下游，桥梁较长；平原地区，水道纵横，交通繁忙，桥梁最多。安吉古桥梁的类型有三种：形如弯月的拱桥、朴实简洁的梁桥、状如琴键的矴步桥。其中以石拱桥的数量最多，均为单孔石拱桥；梁桥其次，有单孔石梁桥、双孔石梁桥、三孔石梁桥、七孔石梁桥，以单孔石梁桥数量最多，七孔石梁桥1座：位于梅溪马村的浮塘桥；矴步桥2座：位于杭垓镇的磻溪矴步桥和章村镇的章里矴步桥。安吉桥梁分布以原递铺、杭垓、梅溪、原昆铜最多,山区造桥多是就地取材,杭垓地区多拱桥,梅溪地区多石梁桥。这些留存下来的传统桥梁,演绎了极为丰富的人居环境的空间结构,充分反映了安吉人对环境、交通、河道的综合整治能力。

桥梁的筹建方式,自唐宋以来主要有三种:官办、官倡民办、民办。明清以来,民办方式渐多,官道上一些较大的桥梁,也采取了官倡民办或完全民办的方式。民办筹款主要有三种方式:社会募捐、当地村民集资、一人或一家独立承担。凡是重要的规模较大的桥梁,一般都是采取第一种向社会募捐的方法,而主事筹募的往往是当地有声望的绅商或是和尚道士,有些桥梁甚至是经过好几代人的共同努力才得以存在、延续。如:马村并全桥,康熙十年(1671年)知州曹封祖重修,五十二年(1713年)知州袁安煜重修,乾隆九年(1744年)知州刘蓟植复修;北川桥,明嘉靖十二年(1533年)吴松建,自吴松出资修建北川桥后,清雍正二年(1724年)训导金辂又予重修,咸丰三年(1853年)里人再次重建;章村白马桥,立于清道光二十五年(1845年)的白马桥碑上清楚记载了62条捐助信息;孝丰回龙桥,建造于清道光二十七年(1847年)左右,不仅有附近下汤村、王家庄、城中的捐款,还有叶坑坞、汤坑坞、上梅村、上庄村的捐款,更有高村、董舍、西溪、菖蒲的捐款;良朋张家桥,张氏里人私募建桥,晓觉寺僧慧峰和尚广为布施重建;明朝沈珩出资重建教场桥、杨家桥、榻水桥;清知州刘蓟植"首捐俸""广募乐输",乾隆八年(1743年)主张倡助重修中治桥(即州前桥),次年复修并全桥,乾隆十年(1745年)重建南门外旱桥,乾隆十四年(1749年)建白云桥和重建曹埠桥;民国初年,莫永贞自主维修建成现存的高桥,民国三十七年(1948年),莫永贞之子莫六笙等人捐赠修复……虽然个人建桥的意愿各有不同,但都是有益于地方经济发展的。

安吉的桥梁名称可分五类。有以所在地的行政村或自然村的名称命名，如曹埠桥位于曹埠自然村、双庙桥位于双庙自然村；有以桥所在或临近的庙堂得名，如观音堂石拱桥，桥东南侧为观音庙，娘娘桥东侧是娘娘庙；有与名人有关的，如据《安吉县交通志》记载的岳飞桥（已毁），便与抗金名将岳飞有关；有以传说、故事来命名，相传天带桥建桥时，曾被雷连击三次，便被命名为天打桥，后改天带桥；有以表达祈福祝愿的情怀命名，如长丰桥，寓意"长治久安，人寿年丰"，永安桥，寓意"永久安定"。这些古桥除了实现其在交通上的职能外，也包含了一定的艺术价值，很多安吉古桥的桥身栏板、望柱、桥头抱鼓石上都做了通体的雕刻，如凤仪桥、李王桥等，雕刻凤凰、花草等纹样，为后世提供了珍贵的实物史料。

人们为了出行需要，在山涧、河道上建了不少桥梁，虽然历经沧桑，但这些古桥仍巍然屹立，和世世代代的安吉人一同生活在这里。

矴步桥

矴步是跨越浅水河道的一种漫水建筑物，又名碇步、石步、石矴、跳墩子等。远古时期人们抛石水中，踏步成桥，以涉江河，渐渐形成了矴步。甲骨文中即已有象形文字存在，也即后来的"矴"字。《广韵》《集韵》等释"矴"字云："古双切，音江，聚石为步渡水也。"从严格的意义上说，矴步尚不能称之为桥，它同天然石梁桥等一样只是桥梁的雏形，或谓最为原始的桥梁形式。

矴步主要存在于山区、丘陵地区，对河道有特殊要求：水流平缓，常年水位较低，与河岸落差相对较小等。它按一定步距整齐地排砌在浅水河道上。石齿或为自然石块，或为略具方形的块石。矴步构造简单，取材容易，兼顾耐久，所费资金俭省。矴步能供行人行走或肩挑，一年四季除洪水外，均可长兴。

安吉现存的矴步桥共有两座，分别是位于杭垓镇的磻溪矴步桥和章村镇的章里矴步桥。

磻溪矼步桥：位于杭垓镇磻溪村银场自然村西距银场山200米处，连接磻溪至岭西古道。全长28.4米，共计51步，矼步石长约为45厘米，宽约25厘米，矼步石间隔30厘米左右。由于磻溪村一带盛产片岩，因而磻溪矼步桥的矼步石便就地取材，极具当地特色。桥体在建造过程中有意向上游弓起，桥基则呈现相反方向，向下游弓起，鸟瞰近似梭型，而桥基部分十分规律和紧密地排列着众多石块，用于保护和固定矼步石。

章里矼步桥：位于章村镇章里村章里自然村西，该桥由8块大块石组成。矼步桥长4.5米，高0.25米，每块块石间距约0.30米。桥南北两侧连接路面。

为使矼步桥稳固，章里矼步桥和磻溪矼步桥都将矼步石进行深埋，实际露出水面部分仅占石块整体的三分之一甚至四分之一，矼步石的大部分都深埋水中。

石梁桥

梁桥有木、石两种，是传统古桥梁中较为常见的形式，结构简单，施工容易，分布普遍，数量最多。石梁桥出现的时代较早，东汉文字学家许慎《说文解字》释"梁"曰："梁，水桥也。"释"桥"曰："桥，水梁也。"梁、桥大体上是一个意思。梁、桥二字皆从木，木梁桥的出现当比石梁桥为早。所谓用木跨水，架梁为桥，人们很早就利用树木作为原始的造桥材料，取材容易，制作简便，只是由于木梁易朽，常需定期更换。纯粹意义上的传统木梁桥，除少量上覆廊屋的简支木梁、伸臂木梁廊桥外，多已不复存在。石梁桥自两宋时期开始普遍建造使用以来，由于荷重大，易保存，在多数地貌环境下皆宜使用，发展迅速，各地均有建造、使用。安吉现存的梁桥均为石梁桥，有单孔梁桥、双孔梁桥、三孔梁桥、七孔梁桥，以单孔梁桥数量最多，年代多为明清时修建。

北川桥：位于安城村，安城是历史古城，自晚唐开始，一直是安吉县县治所在，北川桥便位于安城北城门外的护城河上，为三孔石梁桥，桥面长为26.35米，宽度为4.35米，高5.15米。中孔跨5.85米，两侧孔跨6.2米，孔高4.85米。北川桥的桥墩系块石错缝叠筑，与河床方向成三角状以利于分水，桥墩顶部横置天盘石以架石梁，在南立面上镌刻有"咸丰癸丑里人重建"等字。桥面条石横向嵌于两石梁间，两侧金刚墙块石错缝砌筑。两端引桥为两侧条石，中间铺就块石。

清同治《安吉县志》载："北川桥在拱辰门外，明嘉靖十二年（1533年）吴松建，州判伍余福有记。"吴松（1459—1552年），吴昌硕的十世叔祖，"生而倜傥、好义、嗜读书"，除建北川桥外，于嘉靖十三年（1534年），捐资"重建孝丰学官"，并在鄣吴村"独设义塾"。

自吴松出资修建北川桥后，清雍正二年（1724年）训导金辂又予重修，咸丰三年（1853年）里人再次重建。抗战期间，遭日军破坏，中华人民共和国成立后修复。

浮塘桥：又称平桥、并全桥，位于梅溪马村村，横跨于定胜河上，从体量上和外表上看，可以称之为安吉境内第一石梁桥，浮塘桥为七孔石梁桥，花岗岩质，全桥长33.35米、宽2.7米、通高7.4米。桥面为条石横铺而成，排柱石由4块条石纵向并列砌置，横梁长4米，枕梁架于横梁之上，两侧为石梁，中间为木梁，木梁上横铺长1.8米的天盘石。颇有宋代桥梁的风采，桥面中部平直，两端顺势下降，桥墩上雕刻斩水妖剑图案，原本石梁上刻有文字，但现今已不可辨。

"绵亘于桃城、邸阁之间，为北川、万墟之腰复者，曰浮塘桥"，足见浮塘桥的重要程度。浮塘桥为地方政府负责维修的桥梁之一，历经几任知州修建。据清乾隆《安吉州治》载："并全桥初名浮塘，明崇祯元年（1628年）知州孙幼孜觐回之五日大水涨，柴船触断桥三柱，议修之，至七日后神工修成，十里外闻斧凿声，返则不闻，其柱复合不失尺寸，遂祭告立石纪之，更今名。康熙九年（1670年）知州曹封祖重修、五十二年（1713年）知州袁安煜重修，乾隆九年（1744年）知州刘蓟植复修，费银十万余两。有碑记。此系通衡。"

杨家桥：位于天子湖镇南店村姚塘自然村。东南距六墩山约2500米，北连南湖林场二十一中队，横跨后河，河水西南向东北流向。原为天子湖南店通往广德泗安的必经之路。该桥处于天子湖至安徽省广德县的老路上，现仍为当地村民来往的主要通道之一。该桥为三孔石梁桥，花岗岩质，桥长16.74米、宽1.2米、通高3.5米。中孔跨4.25米、边孔跨各为3.66米、3.53米、孔高3.2米。排柱石均为2块长条石并列竖砌，顶横置天盘石，桥面分3段，每段均为2块条石并列铺设。两侧金刚墙为条石错缝砌筑，桥两端各有引桥连接路面。

登云桥：位于鄣吴镇上堡村大瓜岭自然村西，东侧紧靠鄣吴村上堡公路，北距梅家山1000米左右，横跨金鸡岭溪，溪水南北流向。该桥有一碑原立于桥头，现位于大瓜岭自然村。碑为青石质，无首，座佚，碑高81厘米、宽51厘米、厚11厘米。碑额为"登云桥碑"，风化严重，碑文模糊不清。该桥为单孔平桥，花岗岩质，桥长5米、宽1.41米、通高2.28米，孔跨3.1米、孔高2米。桥面为3块宽47厘米的条石并列铺砌，两端桥墩为块石砌筑。

章里平桥：位于章村镇章里村中章自然村。西距云龙山1000米，横跨千金坑，溪水西东流向。该桥桥面榫卯构筑，造型小巧，具有典型山区特色。单孔石梁桥，花岗岩石质、色灰白，桥长9.36米、宽1.68米、通高6.3米，孔跨4.22米、孔高2.5米。桥面为5块条石并列铺筑，金刚墙为块石砌筑，两端桥墩石昂出跳，桥面两侧有石板栏杆与8根望柱，望柱为方形，上刻莲花瓣纹饰，栏杆、望柱、桥面之间均用榫卯相接。桥南北两端各有3级台阶连接路面。

天带桥：又名天打桥，位于灵峰街道剑山村天打桥自然村东北，东南距剑山约200米，西邻村庄小路约50米，横跨牛抽坎小溪，溪水东西流向。建年无考，依据该桥石刻记载，该桥重建于民国十三年（1924

年）。该桥为五孔石梁桥，全长11.48米，桥宽0.63米，通高1米，孔跨从北至南依次为3.4米、1.88米、1.55米、1.95米、2.7米，中孔高0.78米。桥面分5段、每段均为1块条石铺设，排柱石均为3块长条石竖砌，上置天盘石以架桥面石板，西端条石东西侧均刻有文字，南侧阴刻"蔓塘庄潘尊乾重建 民国拾叁年拾月"，北侧阴刻"大众小桥会敬助 民国甲子年仲冬月谷旦"，桥中一块刻"天带桥乙卯万小晶修造"，桥下东侧河面有条石筑成一道水坝，桥南侧连接村庄，北侧连路面。

关于天带桥的由来，当地还有两种传说。一说，当初建桥时，曾先后遭到三次雷击，建成后遂名天打桥；一说，剑山山顶上有一宝剑，若刺向灵峰山上的大蛇，便会组成一完整的宝剑，威力无比，为防止有人上山顶，便在通往山顶途中设置一桥，且遭天雷轰打，方可过桥，此桥便是天带桥。当然，传说仅仅是传说。

下坝桥：位于递铺街道老庄村新庄自然村西南，三官至老庄公路北侧。东连村落、南间农田为屏凤山，西、北接农田。该桥为三孔石梁桥，桥面长6.47米、宽0.87米、通高3.16米。三孔跨均为2.09米，孔高2.90米。桥面微弓，由6块花岗岩质条石分三段，每段均为2块条石并排铺就。两侧桥墩为块石叠砌。

蚌壳桥：位于递铺街道兰田村祥和自然村西的农田中，东西向跨蚌蚌溪。东连兰田村，南邻"04"省道，西接农田，北间农田为晓觉寺。该桥原为兰田村连接晓云村的主要通道。该桥为三孔石梁桥，桥长13.3米，宽1.44米，通高1.3米。孔跨分别为2.55米、3.7米、2.8米，孔高1米。桥面为三段，每段均用2块条石排列，东端二级台阶块石铺筑。桥墩为大块石砌置，上置天盘石。

太岁桥：位于递铺街道三官村纸厂自然村西侧。东连村落，南接三官至银湾公路，西、北壤农田。该桥为三孔石梁桥，桥面长8.6米、宽1.19米、通高2.8米。三孔孔跨均为2.2米、孔高2.5米。桥面由6

块花岗岩石质的条石分三段铺筑，每段均用2块条石排列。引桥由块石和卵石随意铺筑。两侧桥墩为大石块叠置顶置天盘石，有榫卯结构。

大伦桥：位于梅溪镇小溪口村前庄自然村东，安吉县与长兴县的交界处。东南连接长兴吴山乡大伦桥自然村，西北为安吉小溪口村前庄自然村农田。该桥横跨小溪口港，溪水北南流向。根据该桥的构造及落款，该桥的建造年代为清道光十七年（1837年），为典型的清代桥梁建筑。该桥处于安吉与长兴两县的交界处，为当地村民来往的主要通道。该桥为三孔石梁桥，花岗岩质，全长26.6米、宽2.06米、通高5.5米。中孔跨6.01米、边孔跨各为4.71米、4.68米、孔高5.2米。桥面分3段、每段均为3块条石并排铺设，排柱石均为4块长条石并列竖砌，上置天盘石，两侧金刚墙为条石错缝平砌，桥面两端各有9级台阶，并有引桥连接路面。桥面两侧中间各镌刻"重修大伦桥""道光十七年冬里人共助"。

重建东管桥：位于梅溪镇陈圩村后湾自然村。北接长兴县吴山乡王家庄自然村，西距龙山山脉约700米，东距竹林湾自然村约1000米，南至后湾自然村200米。该桥横跨陈圩的夹堤沟，沟水北南走向，为两县当地村民来往的主要通道之一。根据该桥的落款，系三人共同捐助建造。该桥处于安吉与长兴两县的交界处，为当地村民来往的主要通道。该桥为三孔石梁桥，花岗岩质，全长10米、宽1.1米、通高4米。中孔跨3.5米、边孔跨各为3.4米、3.1米、孔高3.74米。桥面分3段，每段均为2块条石并排铺设，排柱石均为2块长条石并列竖砌顶置一天盘石，两侧金刚墙为条石错缝砌筑，桥面两端无引桥。桥面两侧中间各镌刻"重建东管桥""王有周之妻姚氏捐助二块""王斌独助二块""陈道贞之妻叶氏捐助二块"。

上吴仙人桥：位于鄣吴镇上吴村牛华山自然村，西北距鹭鹜谷6公里，东西横跨小溪。该桥条石平铺，具有典型山区特色。该桥为平桥，桥面为条石平铺，长9.5米，宽2.4米，通高2.6米。孔跨6.5米，孔高2.2

米。两端桥墩为块石叠砌。

下朱家二号桥：位于梅溪镇上舍村下朱家自然村中，横跨章家溪，溪水东西走向。双孔石梁桥，桥墩为块石垒砌。桥长14.5米、宽3.6米、通高3.5米。孔跨分别为3.2米、3.0米，孔高3.2米。原桥面为条石，现已佚，用水泥板代替，两侧桥墩为块石砌筑。桥南、北两端均有引桥连接路面，四周为村庄。

童村石梁桥：位于溪龙乡徐村湾村南约800米的童村自然村东侧农田中，东西向跨无名小溪。该桥为双孔石梁桥，桥长3.16米、宽1.02米，通高1.8米。孔跨1.08米，孔高1.5米。两侧桥墩由块石错缝砌筑。桥面分两段，每段均用2块条石排列。桥墩为一块条石直立于连接处。

镇安桥：位于孝丰镇城东社区下东山自然村以北。该桥横跨东山小溪，溪水西东流向。桥东石板阴刻"大明万历贰拾玖年正月拾肆日王大雅建造"，桥墩东侧阴刻"大清道光……"据桥上石刻初步判断，该桥初建于明万历贰拾玖年（1601年），清道光年间重修。该桥虽然体量不大，但桥的历史比较悠久，建筑结构古朴，具有较高的历史、艺术和科学价值。该桥又名五山桥，为双孔石梁桥，桥面用3块条石并列平铺。桥长6.5米、宽1.38米、通高2.5米。中间的桥墩略高，为块石砌筑，两端略低，为卵石砌筑。桥两端延伸至与两岸道路相贯通。

西坑溪桥：位于递铺街道安城村西农田中，东西向跨西坑溪。东间农田为安城，南连农田与唐家相望，西邻金钟山，北间农田为李王桥。该桥为双孔石梁桥，桥长7米、宽1.25米、通高2.2米。孔跨3米，孔高1.93米。金刚墙为块石砌筑。桥面两侧条石，中间用块石铺筑。桥墩条石横向叠置，上水处为分水做法，顶置天盘石，再置倒梯形条石以架桥面石板。

王家园平桥：位于梅溪镇独山头村梁家塘自然村王家园。北距闵头山约500米，西北距独山头1000米左右。横跨小溪，溪水东西流向。单孔石梁桥。桥长2.8米、宽1.64米、通高2.2米。孔跨2.1米、孔高 2 米。桥面为 3 块条石并列铺筑，中间条石有一圆形莲花图案，两侧桥墩均为块石砌筑。

杭河石梁桥：位于杭垓镇杭河村杭河自然村东 200 米，桥东西向横跨小溪，桥连接杭河至岭西的古道。该桥用条石平铺，具典型山区特色。该桥为单孔石梁桥，桥面用三块条石并列铺筑而成。桥长 4.1 米、宽 1.5 米、通高 2.55 米，孔跨 3.2 米、孔高 2.3 米。两端桥墩为块石叠砌。

铜板桥：位于递铺街道古城村铜板桥自然村西侧。东连铜板桥自然村，南接农田望古城遗址，西连天子湖镇晓云村，北近 04 省道。该桥为单孔石梁桥，桥长 2.7 米、宽 1.6 米、通高 1.6 米。孔跨 2.7 米，孔高 1.4 米。两侧桥墩块石砌筑。桥面由三块条石排列，两端接村道。

双庙桥：位于杭垓镇文岱村双庙自然村东侧 200 米，东距磻溪至文岱公路 10 米，北距姚家自然村 3 公里，西接小山。该桥为单孔石梁桥，桥面为三块条石并排而铺。桥长 5 米、宽 1.3 米、通高 2.25 米，孔跨 4 米、孔高 1.9 米。两端桥墩块石叠砌。

焦公庙桥：位于梅溪镇马村村焦公庙自然村西。西北距旗子山 2000 米，南距西苕溪 700 米左右。该桥横跨长港，溪水南北走向。该桥为单孔石梁桥，花岗岩质，全桥长 11 米、宽 1.85 米、通高 3.6 米。孔跨 4.1 米、孔高 3.2 米。桥面为 3 块条石并排铺设，中间条石上线刻一圆形花卉图案，两侧桥墩为条石错缝平砌，桥面两端各有引桥连接路面，引桥为条石铺筑。

石拱桥

拱桥是桥梁发展史上全国各地普遍存在的一种桥梁形式，拱式桥梁结构的发现，是人类长期同大自然搏斗的结果。从利用原始天然的侵蚀性石拱到有意识的砌筑拱券，拱的起源与发展应有着很长的一段过程。但拱券结构一经形成，便迅猛发展，成为古桥中最富有生命力的一种桥型，其设计构思与力学原理相符合，构造形式与材料功能相配合，稳定程度与安全要求相适应。拱桥比平铺的石梁桥受力性能好、跨径大，有利于泄洪、通航，结构坚固、桥型美观、经久耐用。安吉山多石多，原材料丰富，石拱桥又具有如上无可比拟的优势，故石拱桥是安吉最为主要的一种桥梁类型。

万隍桥：位于梅溪镇，历史上为递铺、孝丰至梅溪的必经之地，该桥为单孔石拱桥，呈东北、西南走向，桥长 36.68 米、宽 3.79 米、拱跨 14.5 米、桥拱矢高 7.75 米。桥面呈弧形，桥体以花岗岩为主，桥面两侧有护栏和望柱，护栏为花岗岩条石，间隔方形望柱，望柱头镌刻精美含苞欲放的荷莲，还有方形束腰花卉图饰。拱券两旁各有长柱石，设计精巧，上有形象逼真的兽头，下置饰花柱座，中间刻有空心隶体的桥楹，东联为"曲抱混泥环锦带，横挑苏岭落晴虹"，西联为"水涨西溪破碧浪，浅挑港水架云梯"。桥边有一石碑，碑正面为"重建万隍桥碑记"，落款为"清乾隆二十六年"，内容记述该桥的历史。

长安桥：位于梅溪镇小溪村，跨小溪口港，是安吉县与长兴县的界桥，也是两地居民往来的重要通道。该桥为单孔石拱桥，花岗岩质，全长 16 米、宽 3.3 米、通高 5.4 米。拱跨 9.2 米、矢高 4.78 米。拱圈为纵联分节砌筑，共九节，两侧金刚墙为条石错缝平砌，桥两侧长系石上端为兽面纹，下镌刻对联为："长茗源流动机莫大兴发，安如磐石静德无限吉祥。"拱券上部有长锁石，桥两端各有引桥连接路面。

汪婆桥：位于递铺街道安城村安城西城城门外的护城河上，东西向跨护城河。根据该桥的构造，结合方志关于安吉城建城史等记载分析，推断该桥应为明代建筑。该桥系条石砌筑，单孔石拱桥，拱圈系条石平列分节拱筑。桥面长 9.1 米、宽 3.42 米、通高 4.53 米。拱跨 9.1 米，矢高 4.2 米。两侧金刚墙为条石错缝平砌。桥东端引桥为块石错缝砌筑，连接马道。

观音堂石拱桥：位于天荒坪镇西鹤村鹤岭脚自然村，桥东南侧为观音庙，桥南 200 米为高山，桥西 2 公里为鹤岭脚。东南跨西北小溪，块石拱筑，单孔石拱桥，拱圈块石拱筑。桥长15.8米、宽3.1米、通高为2.65米，拱跨4.65米、矢高2.15米。两侧金刚墙为加工好的块石叠筑而成，桥面为块石铺筑，桥两端连接路面。

长丰桥：位于杭垓镇吴村村高桥自然村东北，又称董舍桥，南侧紧邻黄金坝至高村公路，西10米为吴村新建土地庙。该桥南北横跨西溪，溪水东西流向。桥原为高村、吴村至松坑的必经之路。该桥为单孔石拱桥，拱圈为条石分节并列砌筑。桥长38.7米、宽5.39米、通高10.8米。拱跨16.72米、矢高9.6米。金刚墙为条石错缝平砌，桥面有桥栏，用块石砌筑而成，护栏长7.55米、宽1.65米、高1.55米。桥面锁心石雕刻圆形花卉图案。桥北侧有13级台阶，南有14级台阶，为条石砌筑。桥两端有引桥。该桥始建于明中期，清乾隆五十四年（1789年）重建。

长丰桥头原有长丰桥碑刻，记载当地有名的高氏等家族全程参与建桥的事迹。为抢救保护，村委会将碑移至办公楼。碑文中提到的高鼎南为"重建长丰桥高村协办董首"，生于雍正庚戌年（1730年），卒于乾隆乙卯年（1795年），"出则负耒、入则横经"，对临近造桥毫不吝啬，不仅个人出银两资助，还牵头筹办造桥事宜。

赤山石拱桥：位于递铺街道赤芝村赤山自然村。东连村落，西为长赤公路，南、北接壤农田。该桥卵石拱筑，具有典型山区特色。该桥为单孔石拱桥，拱圈石拱筑。桥长14.3米、宽2.6米、通高4.3米。拱跨4.8米，矢高3.5米。两侧金刚墙由不规则的块石或卵石砌筑。桥面为卵石铺就，东、西两端各设台阶3级，卵石平铺。东侧引桥呈"丁"字形连接村道，西侧引桥连接长弄口至赤渔公路。

凤仪桥：位于章村镇郎村村下郎自然村小溪边，章村至郎村公路东侧，溪水西南东北流向。根据该桥的构造和桥碑记载，该桥始建于清代早期，现存主体建筑为清道光二十八年（1848年）。桥南侧山边有桥碑2通，青石质，碑高100厘米、宽52厘米、厚13厘米，额题"凤仪桥"3字，碑文内容模糊不清。该桥为单孔石拱桥，拱圈为条石并列分节砌筑，桥长28.6米、宽4.6米、通高6.6米，拱跨10米、矢高5.5米。两侧金刚墙为条石砌筑，桥面为条石规整铺筑，桥面有桥栏，系望柱、栏板及抱鼓石组成，望柱及抱鼓石上雕刻莲瓣纹，桥面有锁心石，素面。南侧券顶上阳刻"茗源"2字，款书"清道光二十八年"，北侧券顶石上阳刻"凤仪桥"3字。桥两侧金刚墙各开一个1.5×1.5米的小拱洞，为泄洪之用。桥东西各有台阶4级，两端有引桥连接路面。

凤仪，即凤凰来仪，是吉祥的征兆。《尚书·益稷》："《箫韶》九成，凤凰来仪。"孔传："仪，有容仪。备乐九奏而致凤皇，则余鸟兽不待九而率舞。"后因以"凤凰来仪"指德化天下的瑞应。唐柳宗元《晋问》："有百兽率舞，凤凰来仪，于变时雍之美，故其人至于今和而不怒。"郎村的"凤仪桥"显然表达了郎村人对生活的美好愿望。许多古桥的命名，多为祈求吉祥如意、风调雨顺之意，以表达祈福祝愿的情怀来命名，如和睦桥、永安桥、长丰桥。

迎仙桥：位于梅溪镇红庙村红庙自然村。西、北面为龙山山脉，西南距梅溪青山约1000米，东距毛竹园水库约2000米，南距草荡水库约1500米。该桥横跨红门寺遗址前的庙沟。该桥为单孔石拱桥，花岗岩质，长8.5米，桥面微拱、呈亚腰形，中1.84米、两端宽2.35米、通高2.7米。拱跨2米、矢高2.35米。桥面由条石铺筑，拱圈为纵联分节砌筑，共7节，两侧金刚墙为条石错缝平砌，桥面锁心石图案为莲蓬，原有栏杆，现已毁，仅剩柱孔。桥两端各有引桥。

上舍桥：位于天子湖镇南店村东大自然村北。东侧紧邻良泗线公路，西北距天子岗水库约1800米，南距香炉墩1000米左右，东南距六墩山约3000米。该桥横跨二沟水，溪水西东流向。根据该桥款书为光绪丁酉年（1897年）建造，保持了清代桥梁的特色。该桥为单孔石拱桥，花岗岩质，桥长15.7米、宽2.67米、通高4.63米，拱跨6.83米、矢高4.09米。桥面由条石铺筑，拱圈由5块条石并列拱筑而成，金刚墙则由条石错缝砌筑。南北立面龙门石上阴刻楷书"上舍桥"，款书"清光绪丁酉年五月□□□"，锁龙石阴刻涡旋纹，原有栏板，后损毁。桥南北两端各有引桥连接路面。

谢公桥：位于天子湖镇吟诗村大桥自然村，东西向跨沙河。根据方志记载，该桥于清雍正元年重建，同治年间毁。据当地长者介绍，上世纪70年代重修该桥，并利用部分原桥建筑石构件，如条石、桥联等。该桥是安吉北部地区现存的一座规模较大的石拱桥。该桥为单孔石拱桥，桥面长27米、宽3.5米、通高6.1米、矢高5.1米，拱跨15.24米。桥面东、西两端存少量铺面的条石，南、北两侧置水泥栏杆。拱圈与两侧金刚墙均为块石砌筑，北面东、西两侧桥墩各立1根与桥高度相等的石柱桥联，东侧桥联刻隶书"庆三元而立重建谢公桥胜迹有遗型"，西侧桥联被重建后的金刚墙所掩盖。

外洞桥：位于山川乡马家弄村马家弄自然村大淋坑山东约200米的农田区中，北距黄庙坞山1000米，南距赵家坞山约50米，横跨大淋坑水，溪水西东流向。该桥为单孔石拱桥，拱圈为块石纵联砌筑。桥长11.6米、宽3.31米、通高3.85米，拱跨5.9米、矢高3.44米。桥面为块石并列铺筑，金刚墙为不规则块石砌筑。桥南北两侧各有引桥连接路面。

尚梅永安桥：位于杭垓镇尚梅村曹家边自然村，西连农田，300米为尚梅村，南1公里为野猪岭，北2公里是上庄自然村，溪水自西向东流，是尚梅通往梅泥坞的要道。该桥为单孔石拱桥，拱圈为较规整的块石拱筑。桥长13.8米、宽4.2米、通高4.2米，拱跨7.8米、矢高3.4米。桥面用块石铺筑，两侧金刚墙为块石砌筑。龙门石上刻楷书"永安桥"三字。据清同治《安吉县志》载，永安桥建于清代。

报恩桥：位于孝丰镇老石坎村后村自然村南溪东侧，东西向跨重山坑。东连村落，南接村道，西邻南溪。该桥为单孔石拱桥，桥面长5米，宽2米，高4.8米。矢高3.8米，拱跨3米。桥面用卵石铺就，南、北两侧数级拾级。拱圈为块石错缝拱筑。两侧金刚墙用块石砌筑。南侧龙门石阴刻行书"报恩桥"三字。

尚梅双桥：位于杭垓镇尚梅村尚梅自然村南100米，东南距虎头坞约150米，西靠山，南连农田。双桥实为二座单孔石拱桥，一跨汤坑溪，一跨杜坑溪，汤坑溪由西南向东北流入尚梅溪，而杜坑溪由东南向西北流入尚梅溪。二桥结构形制相同，拱圈为块石拱筑，金刚墙为不规则块石叠筑。跨杜坑溪石拱桥为南北走向，桥长14.7米、宽3.8米、通高2.8米、矢高2.4米、拱跨5.79米；跨汤坑溪石拱桥为东西走向，桥长9.5米、宽3.2米、通高2.6米、拱跨3.7米、矢高2.1米。

李王桥：曾名白云桥、秦公桥。位于递铺街道安城村李王桥自然村东里溪上，东西向跨里溪。该桥为条石拱筑，体量和拱跨均较大。该桥为单孔石拱桥，拱圈系条石并列拱筑。桥长28米、宽4.57米、通高4.3米。拱跨11.8米，矢高3.3米。两侧金刚墙为块石和条石错缝砌筑。桥面条石和块石铺砌。桥面南侧中心条石上刻楷书"大清康熙壬申年造"8字，北侧嵌顶石刻有禽鸟、花卉图案，桥梁建筑雕刻精美。

李王桥早时称秦公桥，明代嘉靖伍余福《安吉州志》载："一名秦公桥，秦公名敏，桧之父，曾为主簿，于此建之，后更今名，恶桧及其父也。"遂改名白云桥。1994年《安吉县志》载，原为秦桧父秦敏于宋元丰七年（1084年）任安吉主簿时建，故名秦公桥。秦敏，秦桧之父，曾为安吉主簿，素有清名，宋绍兴十九年（1149年），高宗首书"清德启庆之碑"，以对其高洁品德的褒奖。后据说，太平军忠王李秀成在此与清军激战，大获全胜，乡人为纪念李秀成，将桥更名为李王桥。从1084年秦公建桥至今，已历900多年，现如今的李王桥建于"大清康熙壬申年"，也有300多年历史了。

三庆桥：又名水淋坑桥，位于山川乡船村村水淋坑自然村水淋坑溪边，西南距船村2公里，西3公里为柘石岭，南5公里为木竹塘，东6公里为湾岭坑，南北横跨水淋坑溪。根据该桥的构造与碑刻，分析推断该桥建于清乾隆年间（1736—1795 年）。该桥块石拱筑，极具典型山区特色。该桥为单孔石拱桥，拱圈为块石拱筑。桥长 13.2 米、宽 4.2 米、通高 5.2 米，拱跨 8.6 米、矢高 4.4 米。两侧金刚墙为块石砌筑。圈顶石阴刻楷书"三庆桥"，字径 5 厘米，款署："清乾隆□□"。桥面为条石铺筑，有素面锁心石，原有桥栏，后被洪水冲毁。桥两端各有台阶 7 级，并有引桥连接五里路古道。据 1984 年《安吉县地名志》载："（三庆桥）是通往临安小路桥。"

俞家坞桥：又名永福桥，位于天荒坪镇港口村喻家坞自然村凉亭边，桥北紧邻港口连接山川的县级公路，东距杨家山 150 米，南距燕子坞约 1 公里，西至沙泥山 200 米，北距庙边山脚 7 米，东西横跨小溪。该桥为单孔石拱桥，拱圈为块石拱筑。桥长 13.1 米、宽 4.3 米、通高 4.6 米，拱跨 8.2 米、矢高 4.1 米。两侧金刚墙为块石叠筑。桥面为块石平铺，两端各有台阶 6 级与 8 级。该桥建于清光绪年间。

发源于阔里、狗死岭一带的港口港，途径俞家坞，汇入浒溪。古时自然灾害频仍，尤其是水灾、旱灾，为此，乡民集资修建了俞家坞桥，取名"永福"，寓意福运长相伴。该桥由工匠就地取材，由 200 多块不规则石块干砌成半圆形，有些石块极不规则，这种类似于"乱石拱桥"的式样也不多见，但在交通不便的山里，这样操作大大减少了造桥的开支费用，缩短建造工期。

石门桥：俗名飞桥，位于章村镇石门坞，跨高山溪。原为章村至高山要桥，以长石纵横交错堆砌而成单孔石拱桥，建年无考，长 8.6 米、宽 3 米、高 6 米，桥顶两侧有条石护栏，可供人坐憩。桥侧岩峰悬崖峭壁，对峙耸立，形成两扇天然石门，桥正居其中，似门坎横卧，桥下溪水潺潺，景色壮观。

【志书记载】

●宋嘉泰谈钥《吴兴志》卷十九

凤凰桥　在安吉县前。

无星桥　在县东门，跨大溪之北派。

沙井门桥　在县，无星桥北。

南门桥　在县，跨县南小河。

北川桥　在县北小河。

齐云桥　在县西门，上有亭宇。

秦公桥　在县西三里，上有方寺。前故相秦桧之父敏学元丰七年为县主簿，始创此桥。

杜坊桥　在县东北二十里。

杨子桥　在县北二十里。

上昂桥　在县，今改名上升桥。

●明嘉靖伍余福《安吉州志》卷一

凤凰桥

无星桥

砂井门桥

杨子桥

中治桥　在州前街。

登云桥　在儒学前。

北川桥　在拱辰门外，有碑。

齐云桥　在迎恩门外。

德新桥　一名锁龙。

泜　桥

白云桥　一名秦公桥，秦敏者桧之父也曾为主簿于此建，之后更白云，恶桧以及其父也。

高平桥　青岘桥　司马桥　顺安乡。

蛮石桥　万湾桥　昇慈桥　吴渚溪桥　定福乡。

太平桥　崑山乡。

杨公桥　凤亭乡。

钱坑桥　吴桥　横溪桥　铜山乡。

通雲桥　汤家桥　浮塘桥　万埭桥　吊桥　青石桥　安福乡。

陈　桥　颜村桥　小溪桥　梅溪乡。

汤湾桥　龙湾桥　倒马桥　黄答桥　桐木桥　谢公桥　成村桥　晏子乡。

王埭桥　石店桥　顺零乡。

迎恩桥　在承流门外。

天打桥　孝子桥　俱上扇。

凤凰桥　在凤凰山下，孝丰乡。

前塘桥　天目乡。

白慈桥　仙桥　沿干桥　上插虹桥　下插虹桥　灵奕乡。

结绝桥　后干桥　汪王桥　广苫乡。

砖　桥　移风乡。

龙王桥　金石乡。

●明嘉靖江一麟《安吉州志》卷二

凤凰桥

中治桥　州前街。

登云桥　儒学前。

北川桥　拱辰门外，有碑。

齐云桥　迎恩门外，俱在城。

德新桥　一名锁龙。

白云桥　秦桧父敏为主簿于此建，初名秦公桥，后更名，恶桧以及其父也。

高平桥　青岘桥　司马桥　俱顺安乡。

蛮石桥　万湾桥　吴渚溪桥　俱定福乡。

太平桥　崑山乡。

杨公桥　凤亭乡。

通云桥　汤家桥　浮塘桥　万埭桥　青石桥　俱安福乡。

钱坑桥　吴桥　横溪桥　俱铜山乡。

圣堂桥　白云桥　乐平桥　母康桥　杨家桥　俱梅溪乡。

陈　桥　颜村桥　小溪桥　俱荆溪乡。

汤湾桥　龙湾桥　倒马桥　黄墩桥　桐木桥　谢公桥　俱晏子乡。

横埭桥　石店桥　俱顺零乡。

迎恩桥　天打桥　孝子桥　凤凰桥　俱孝丰县在城。

前塘桥　天目乡。

白慈桥　沿干桥　插虹桥　俱灵奕乡。

结绝桥　后下桥　汪王桥　俱广苕乡。

龙王桥　金石乡。

砖　桥　太平乡。

●清康熙曹封祖《安吉州志》卷三

凤凰桥

中治桥　州前街

登云桥　在儒学前

北川桥　拱辰门外，有碑。

青云桥　迎恩门外，俱在城。

德新桥　一名龙锁。

白云桥　秦桧父敏为主簿所建，名秦公桥，后更今名，恶桧以及其父也。

高平桥　青岘桥　司马桥　俱顺安乡。

蛮石桥

万湾桥　康熙九年，知州曹封祖重建。

吴渚溪桥　俱定福乡。

太平桥　崑山乡。

杨公桥　凤亭乡。

通云桥

汤家桥

并全桥　初名浮塘桥，崇祯元年春，知州闽人孙幼孜觐回之，五日，大水涨柴舟触断桥三柱，议修之，至七日后，神工修成，十里外，闻斧凿声，近则不闻，其柱复合，不失尺寸，遂祭告，立石纪之，更今名，康熙九年知州曹封祖重修。

万埭桥　康熙九年，知州曹封祖重建。

青石桥　安福乡。

钱坑桥　吴桥　横溪桥　俱铜山乡。

圣堂桥　白云桥　乐平桥　母康桥　杨家桥　俱梅溪乡。

陈　桥　颜村桥　小溪桥　俱梅溪乡。

汤湾桥　龙湾桥　倒马桥　黄墩桥　桐木桥　谢公桥　俱晏子乡。

横埭桥　石店桥　俱顺零乡。

●清康熙罗为赓《孝丰县志》卷二

迎恩桥　县北门外。

白慈桥　县西北五里，傍有观音堂。

仙　桥　县北八里。

沿干桥　县北二十里，近安吉界。

嗣济桥　威凤门外第一桥，著民漏守功捐建，有庵助田永为看守。

龙溪桥　施文相助田，有碑，吴启新、漏守功等助建。

凰皇桥　县东一里，凤凰山下居民夏兰修。

天打桥　孝丰乡。

孝子桥　孝丰乡。

插虹桥　上下二座，县东北二十里，孝丰乡。

飞　桥　石门。

龙王桥　金石乡龙王庙。

独山桥　金石乡。

青石桥　金石乡。

前塘桥　天目乡。

砖　桥　县西三十里，太平乡。

石梁桥　太平乡，龙潭山内。

结绝桥　县西二十里，广苕乡。

后干桥　县西二十里，广苕乡。

汪汪桥　县西南二十五里，广苕乡。

七贤桥　县东七贤坞口。

杨村桥　移风乡。

五女桥　移风乡。

永福桥　移风乡，喻家坞口。

● 清乾隆刘蓟植《安吉州志》（故宫珍本丛刊）卷三

中治桥　在州前街，乾隆八年知州刘蓟植重修。

登云桥　在儒学前。

南门桥　一名旱桥，在朝阳门外，乾隆十年知州刘蓟植修。

汪婆桥　在宝城门外，＜伍志＞作齐云，又名青云。

北川桥　在拱辰门外，明嘉靖十二年，里人吴松建，州判伍余福有记，本朝雍正二年训导金辂重修，乾隆十年知州刘蓟植复修＜案＞＜伍志＞有无星砂井门杨子三桥俱在城＜胡府志＞有凤凰桥在州治前今俱莫考。

德新桥　在州东三里，一名锁龙＜伍志＞嘉靖六年毁，今西塊尚存。

司马桥　高平桥　青岘桥　俱在顺安乡。

钱坑桥　横溪桥　芝村桥　吴桥　俱在铜山乡。

横杜桥　仙家桥　太平桥　乾溪桥　俱在崑山乡。

环龙桥　旧名蛮石，乾隆十二年，里人陈元、陈秉嵩募建。

吴渚溪桥　在定福乡东平庙，康熙四十二年，孙羽凤建石。

夕照桥　在定福乡，江渚溪，即鄣南八景之一。

广济桥　即箭东溪渡，康熙四十三年，里人朱鼎煜募建。

昇慈桥　＜伍志＞在定福乡，巡检司村，今废。

杨树桥

丰食桥 明崇正十四年，里人王三锡等募置田四亩八分，乾隆九年里人潘绍文募助田十亩一分以备逐年修理，并给桥夫工食，知州刘蓟植给碑。

富干桥 乾隆八年重建，募银四十余两，里人严焕捐银二百余两完工。

沿干桥 接孝丰界，＜通志＞属孝丰。

万湾桥 一名万华桥，康熙九年知州曹封祖重建，乾隆九年知州刘蓟植重建。

插虹桥 上下二座＜通志＞在孝丰。

姚家桥

万亩桥

镇龙桥 在递铺镇上街，乾隆七年里人潘绍文募建，捐田五亩三分以备逐年修理，并给桥夫工食，知州刘蓟植给碑。

中　桥 在递铺镇中街。

大　桥 在递铺镇北，乾隆十一年公募建石。

太平桥 在风亭乡朱家镇南，乾隆九年，里人丁学贵建。

见龙桥 在祥溪，里人吴通生建。

节村桥

杨枝桥

石马桥 在石马村。

双溪桥 在双溪口。

星岭桥 在星岭下。

迎翠桥 在绣岭村。

龙涎桥 在高坞关下。

鸣泉桥 在高坞关上。

镇东桥 在古竹湾俱凤亭乡。

泥　桥 在顺安乡乾隆七年里人徐启麟建。

包家桥 旧系浮梁，乾隆二年里人徐启麟改建石。

西坑溪桥 断坝桥 邵墓桥 锡干桥 俱在顺安乡。

双版桥

白云桥 <伍志>一名秦公，秦公民敏，桧之父，曾为主簿于此建之，后更名，恶桧以及其父也。

丰盈桥 俗名张家桥，康熙六十年，晓觉寺僧□峰重建。

黄苔桥

汤湾桥

龙湾桥

倒马桥

桐木桥

中　桥 明万历四十年，里人俞祖重建。

谢公桥 雍正元年里人俞琦重建。

成村桥

俱在晏子乡。

石巅桥 旧作石店，雍正五年里人张跃鲤重修，今废更渡，里人莫时乘、莫芳泉捐，有渡田。

横埭桥　教场桥　杨家桥　塌水桥　俱在顺零乡。

通云桥　汤水桥

漕埠桥 乾隆九年知州刘蓟植建，有碑记。

并全桥 <曹志>初名浮塘，明崇祯元年知州孙幼孜觐回之五日，大水涨，柴舟触断桥三柱，议修之，至七日后，神工修成，十里外，闻斧凿声，近则不闻，其柱复合，不失尺寸，遂祭告，立石纪之，更今名，康熙九年知州曹封祖重修，五十二年知州袁安煜重修，乾隆九年知州刘蓟植复修，有碑记<案>此系通衢。

万埭桥 康熙九年，知州曹封祖重建。

吊　桥 <伍志>在梅溪乡，今废。

青石桥 在梅溪镇。

圣堂桥 <通志>在圣堂。

白云桥 乾隆十四年，公募重建。

乐平桥

母康桥

鲜鱼桥　在小市镇，今废。

叚㘭桥　务前桥　齐步桥　俱在安福乡＜案＞＜伍志＞圣堂桥以下，俱在梅溪乡，今从顺庄□入安福。

华光桥

散济桥

永丰桥　在散济桥下，乾隆十四年，本里姜氏公建。

杨家桥　高木桥　陈桥　颜村桥　三善桥　小溪桥　俱在荆溪乡。

●清同治汪荣《安吉县志》卷三

中治桥　＜刘志＞在州前街，乾隆八年知州刘蓟植重修，道光三年里人重建。

登云桥　＜刘志＞在儒学前。

南门桥　一名旱桥，＜刘志＞在朝阳门外，乾隆十年知州刘蓟植修，嘉庆十八年里人重建，道光二十九年里人复重建＜案＞此系通衢。

汪婆桥　＜刘志＞在宝城门外，伍志作齐云，又名青云。

北川桥　＜刘志＞在拱辰门外，明嘉靖十二年里人吴松建，州判伍余福有记，雍正二年训导金辂重修，乾隆十年知州刘蓟植复修，咸丰三年里仁重建＜案＞伍志有无星砂井门杨子三桥，俱在城，胡府志有凤凰桥在州治前今俱莫考＜案＞此系通衢。

德新桥　＜刘志＞在州东三里，一名锁龙＜伍志＞嘉靖六年毁，今西塊尚在。

司马桥　高平桥　青岘桥　以上三桥俱在顺安乡。

钱坑桥　横溪桥　芝村桥　吴桥　以上四桥在铜山乡。

横杜桥　仙家桥　太平桥　干溪桥　以上四桥在崑山乡。

环龙桥　＜刘志＞旧名蛮石桥，乾隆十二年里人陈元、陈秉嵩募建，道光二十九年里人重建。

吴渚溪桥　＜刘志＞在定福乡东平庙侧，康熙四十二年，孙羽凤建石，道光二十九年里人重建，有碑记，咸丰间圮，今因水驶桥不能固，易渡＜案＞此系通衢。

夕照桥 ＜刘志＞在定福乡江渚溪，即鄣南八景之一。

广济桥 ＜刘志＞即箭东溪渡，康熙四十三年里人朱鼎煜募建，嘉庆二十年（1815年）里人重建有碑记＜案＞此系通衢。

昇慈桥 ＜伍志＞在定福乡，巡检司村，今废。

杨树桥

丰食桥 ＜刘志＞明崇正十四年，里人王三锡等募置田四亩八分，乾隆九年里人潘绍文募助田一十亩一分以备逐年修理，并给桥夫工食，知州刘蓟植给碑，同治六年里人重建木田无考＜案＞此系通衢。

富干桥 ＜刘志＞乾隆八年重建，募银四十余两，里人严焕捐银二百余两完工。

沿干桥 ＜刘志＞接孝丰界，＜通志＞属孝丰。

万湾桥 一名万华桥＜刘志＞康熙九年知州曹封祖重建，乾隆九年知州刘蓟植重建，咸丰间水冲圮。

插虹桥 ＜刘志＞上下二座，＜通志＞在孝丰。

姚家桥

万亩桥

杨支桥

镇龙桥 ＜刘志＞在递铺镇上街，乾隆七年里人潘绍文募捐田五亩三分以备逐年修理，并给桥夫工食 知州刘蓟植给碑，同治五年里人重建木田无考。

中 桥 ＜刘志＞在递铺镇中街，同治三年重建木。＜案＞上二桥系通衢。

大 桥 ＜刘志＞在递铺镇北，乾隆十一年公募建石，咸丰间圮。

太平桥 ＜刘志＞在风亭乡朱家镇南，乾隆九年里人丁学贵建。

祥溪桥 即见龙桥＜刘志＞在祥溪，里人吴通生建，咸丰七年公募改建石桥，里人蒋荣光、张文江、董其事改名祥溪桥，同治十年重修，里人陈得富、董其事＜案＞此系通衢。

节村桥 ＜刘志＞咸丰七年里人重建石址架木。

港口桥 在祥溪东南，咸丰二年里人建石，后圮，复架木。

石马桥 ＜刘志＞在石马村。

双溪桥 ＜刘志＞在双溪口。

星岭桥 ＜刘志＞在星岭下。

迎翠桥 ＜刘志＞在绣岭村。

龙涎桥 ＜刘志＞在高坞关下。

鸣泉桥 ＜刘志＞在高坞关上。

镇东桥 ＜刘志＞在古竹湾俱凤亭乡。

泥　桥 ＜刘志＞在顺安乡乾隆七年里人徐启麟建，嘉庆癸酉年重建，改名同善桥，道光二十九年复重建，同治十一年改建木桥。

包家桥 ＜刘志＞旧系浮梁，乾隆二年里人徐启麟改建石。

西坑溪桥　断坝桥　邵墓桥　锡干桥　以上四桥在顺安乡。

双版桥

白云桥 ＜伍志＞一名秦公，秦公民敏，桧之父，曾为主簿于此，建之，后更名，恶桧以及其父也＜案＞此系通衢。

丰盈桥 ＜刘志＞俗名张家桥，康熙六十年，晓觉寺僧慧峰重建。

黄苔桥

汤湾桥

龙湾桥

倒马桥

桐木桥

中　桥 ＜刘志＞明万历四十年，里人俞祖重建＜案＞此系通衢。

谢公桥 ＜刘志＞雍正元年里人俞琦重建，同治间圮。

成村桥 ＜刘志＞俱在晏子乡。

石巅桥 ＜刘志＞旧作石店，雍正五年里人张跃鲤重修，今废更渡，里人莫时乘、莫芳泉捐，有渡田。

横埭桥　教场桥　杨家桥　塌水桥　以上四桥在顺零乡。

通云桥　汤水桥

漕埠桥　<刘志>乾隆九年知州刘蓟植建，有碑记，同治四年公□重修<案>此系通衢。

并全桥　<曹志>初名浮塘，明崇正元年知州孙幼孜觐回之五日，大水涨，柴舟触断桥三柱，议修之，至七日后，神工修成，十里外，闻斧凿声，近则不闻，其柱复合，不失尺寸，遂祭告，立石纪之，更今名，康熙九年知州曹封祖重修，五十二年知州袁安煜重修，乾隆九年知州刘蓟植复修，有碑记<案>此系通衢。

万埭桥　<刘志>康熙九年，知州曹封祖重建，乾隆二十六年郭瀛复重建，有碑记<案>此系通衢。

青石桥　<刘志>在梅溪镇，同治十一年重建<案>此系通衢。

白石桥　旧名吊桥，<刘志>在梅溪今废，同治六年重建。

圣堂桥　<通志>在圣堂。

白云桥　<刘志>乾隆十四年，公募重建。

乐平桥

毋康桥　<刘志>在安福乡，同治九年重建木。

鲜鱼桥　<刘志>在小市镇，今废。

叚墈桥　<刘志>在安福乡，同治五年重建木<案>此系通衢。

务前桥

齐步桥　<刘志>在安福乡<案><伍志>圣堂桥以下，俱在梅溪乡，今从顺庄□入安福，咸丰间圮。

华光桥　咸丰间圮。

散济桥　咸丰间圮。

永丰桥　<刘志>在散济桥下，乾隆十四年，本里姜氏公建。

杨家桥　高木桥　陈桥　颜村桥　三善桥　小溪桥　<刘志>在荆溪乡。

旱溪桥　爱泥桥　高桥　以上三石桥在定福乡，俱咸丰间圮。

●清同治光绪刘濬修、潘宅仁撰《孝丰县志》卷三

青石桥　南门外。

师古桥　二，一南门外半里，一县东十八里，太平乡石灰庄。

费家桥　县南一里天目乡费家庄。

语溪桥　县南五里天目乡潴溪庄。

善长桥　县南五里天目乡善长庄村口，与语溪桥接，中隔溪滩。

五山桥　二，一县南二十五里广苕乡摄湖庄，一县北三里零奕乡。

程安桥　同治丙寅新建，县南七里。

黄柏桥　县南六里天目乡善长庄。

杨坑桥　县南七里天目乡潴溪庄。

回龙桥　县南十里广苕乡宣干庄通徽宁要道。

登龙桥　县南十里，通宁国要道，光绪元年重建。

飞　桥　县南＜府志＞金石乡石门坞。

对慕桥　县南十七里广苕乡邦溪庄。

老溪桥　县南三十里广苕乡。

永济桥　县南三十里。

青山桥　三，一县南三十二里金石乡湖山庄，一县北四十里鱼池乡青山庄，一县西五十里太平乡长坑庄。

丹石桥　县南三十三里金石乡中溪村。

韦驮桥　金石乡韦驮潭上，有碑记。

金石桥　金石乡汤口庄，乾隆甲申乡人杨世俊建。

乌槭桥　县南三十五里金石乡，杨坑庄通西南大路。

双　桥　三，一县南三十五里金石乡上梅庄，一北门外，一县西五十二里太平乡银场庄，在上梅庄者一跨，汤坑一跨杜坑水，有碑在。

三通桥　县南三十吴里金石乡排坞庄明建有碑。

丰宁桥　县南三十五里金石乡高溪庄有碑。

徐公桥　县南三十五里金石乡青山庄。

汤溪桥　县南四十里金石乡上张庄。

龙王桥　二，一县南四十里广苕乡，嘉庆八年建，一县南五十里金石乡章村庄，乾隆间贡生郎焕如建，同治十一年焕如孙开甲重修。

四季桥　金石乡龙头庄。

陈家桥　金石乡龙头庄。

太平桥　四，一县南四十七里金石乡章里庄，一县西四十里太平乡马垱庄，一县北四十五里鱼池乡黄山庄，一县西五十里磻溪庄。

新　桥　金石乡又见西乡。

章立桥　县南四十七里金石乡章立庄。

白马桥　县南四十八里金石乡白马庄。

独山桥　县南金石乡。

凤仪桥　县南五十三里金石乡郎陈庄。

前塘桥　县南＜罗志＞天目乡。

新　桥　五，一县西五里李家庄，一县西十八里直坞庄俱天目乡，一县西四十五里景梁庄，一县西六十里七官庄，俱太平乡，一＜罗志＞金石乡龙王庙。

仙溪桥　县西九里天目乡安市庄。

赤坞桥　县西十二里天目乡赤坞庄。

石径桥　县西十三里天目乡潜鱼庄。

北回山桥　县西十三里天目乡前村庄。

朱家桥　县西十五里太平乡。

丰水桥　县西十五里太平乡东见庄。

河口大桥　县西十五里太平乡东见庄。

结绝桥　后干桥　＜罗志＞俱县西二十里广苕乡。

汪王桥　＜罗志＞县东南二十五里广苕乡。

下杨桥　县西二十八里，天目乡黄坑庄。

砖　桥　＜罗志＞县西三十里太平乡。

寒溪桥　县西三十里天目乡白杨庄。

普济桥　县西三十里太平乡西圩庄，通江南宁国广德。

双龙桥　县西三十里太平乡西圩庄。

高沙埂桥　县西三十里太平乡西圩庄。

周林桥　县西三十里太平乡塘河庄。

观音桥　晏公桥　县西三十里太平乡上大庄。

石渡大桥　县西三十五里太平乡南渡庄。

三官桥　二，一县西三十五里太平乡南渡庄，一县南五十三里郎陈庄。

横东桥　县西三十八里太平乡梅家庄。

丰乐桥　县西四十里太平乡马垲庄，道光四年金氏族修。

通济桥　县西四十里太平乡杭垓庄。

横溪坑口大桥　县西四十五里太平乡缫舍庄。

苍松桥　县西四十五里太平乡松坑庄。

如意桥　松坑庄坞内。

塞岳庄大桥　县西四十五里。

野乐庄大桥　县西四十六里太平乡。

六斤桥　皮桥　县西五十里太平乡长坑庄。

白水桥　松坑庄前。

太平桥　二，一县西五十里磻溪庄跨霅水明建，本朝乾隆二十七年乡人周士兴等捐修拔贡董锦凤撰碑记，一县南四十七里章立庄。

双　桥　县西五十二里银场庄，一跨铜鑑水，一跨西河溪。

粮丰桥　永丰桥　并霅川庄内，明崇祯间石筑，本朝乾隆二十六年潘氏族修有碑。

永顺桥　霅川庄口，跨霅川水，乾隆间石筑。

长丰桥　县西五十里太平乡董舍庄。

白蛇桥　县西五十八里太平乡弹头庄。

葛步桥　县西六十里踢太平乡铜坑庄。

董家桥　县西五十五里西河庄。

大岭桥　县西六十里太平乡坟埭庄大岭下，通广德大路石筑。

平安桥　坟埭庄外，明建，本朝乾隆三十一年庠生潘紫源等捐修有碑。

双庙桥　近平安桥，石筑。

龙雀桥　横梗桥　县西六十里里太平乡南车庄。

殿主桥　县西六十六里太平乡。

俞家石桥　县西六十九里太平乡高村庄。

保和桥　高桥　县西七十八里太平乡菖蒲庄口，俱环石。

菖蒲桥　菖蒲庄内环石。

合坑桥　一名双坑，两坑合流出桥下，环石。

斛　桥　县西七十八里太平乡顾村庄。

步天桥　俗名踏天，县西八十八里太平乡天井庄，跨浴龙坑水，自西溪口入三十里层累至斯，若登天然故名。

白慈桥　〈府志〉县西北五里，旁有观音堂，今毁。

迎安桥　北门五外，〈罗志〉作迎恩。

山公桥　县北里许。

五山桥　二，一县北三里五山庄，一县南二十五里摄湖庄。

鹤落桥　县北十里鱼池乡鹤落庄。

茹湖溪桥　县北十二里鱼池乡下诸庄，嘉庆年间造。

庙山桥　县北十五里鱼池乡报湖庄，今毁。

南溪桥　县北十五里鱼池乡长潭庄。

东浜大木桥　县北十五里鱼池乡唐福庄。

三湾桥　高坝桥　俱县北十六里灵奕乡水碓庄。

观音石桥　县北二十里鱼池乡施湾庄。

沿干桥　〈罗志〉县北二十里，近安吉界，今废。

上赤虹桥　县北二十里灵奕乡蓝田庄。

石板桥　县北二十四里鱼池乡梅村庄交利图界。

仁安桥　县北二十五里鱼池乡玉堂庄。

上横溪桥　县北三十里鱼池乡罗村庄嘉庆十三年造。

斜横桥　县北三十里鱼池乡罗村庄嘉庆二年造，后改石以木。

环轮桥　县北三十里鱼池乡大荣庄。

西溪桥　县北三十五里鱼池乡良村庄。

青山桥　县北四十里鱼池乡青山庄。

西亩桥　县北四十里鱼池乡西亩庄。

永安桥　县北四十里鱼池乡。

千斤坝桥　县北四十五里鱼池乡。

环轮石桥　县北四十五里鱼池乡梅村庄。

木　桥　高桥　俱县北四十里鱼池乡锦坞庄。

竹　桥　县北四十五里鱼池乡黄山庄，道光二十二年造。

土　桥　县北四十五里鱼池乡黄山庄，道光二十四年造。

千钧桥　县北四十六里鱼池乡钱家庄。

插虹桥　<罗志>县东北二十里孝丰乡上下分二桥，又名赤虹桥。

龙溪桥　<府志>县东北<罗志>里人吴启新、漏守功等助建，施文相助田有碑。

嗣济桥　<罗志>县东门外第一桥，漏守功捐建并助田久废今重建澹自记。

凤凰桥　<罗志>县东一里，凤凰山下里人夏兰修。

七贤桥　<罗志>县东七贤坞口。

石梁桥　<罗志>太平乡龙潭山内。

杨村桥　五女桥　<罗志>俱移风乡。

永福桥　<府志>移风乡俞家坞口。

长潭桥　县东九里浮玉乡漏家庄。

永济桥　县东十里中完村。

文村桥　县东十一里孝丰乡文村庄。

杨公大桥　县东十五里浮玉乡罗村庄。

横店庄石桥　县东十五里浮玉乡。

孝子桥　县东十七里孝丰乡孝子庄<罗志>明永乐间岁贡姚盛以孝称葬亲桥畔庐焉因名。

木林桥　县东十七里太平乡孝子庄。

堂子桥　县东十八里浮玉乡。

文岸庄大桥　县东十八里浮玉乡。

天打桥　县东十二里太平乡轸山庄〈罗志〉孝丰乡。

环洞桥　县东二十里太平乡泉西庄。

白水大桥　县东二十里太平乡白水东庄。

吉庆桥　县东二十二里浮玉乡施村庄。

枣园桥　县东二十五里。

梅坑桥　县东二十五里太平乡七贤庄。

大　桥　县东二十五里太平乡七贤庄。

通市桥　县东二十五里孝丰乡。

大　桥　县东二十五里浮玉乡三坞庄。

中　桥　县东二十五里太平乡青山庄。

古路桥　县东二十七里浮玉乡龙王庄。

蒋家桥　县东三十里太平乡山头庄。

井川大桥　县东三十里移风乡井川庄。

万代桥　阳春桥　俱县东四十里移风乡黄道庄。

俞家桥　县东三十里孝丰乡。

石板桥　县东三十里移风乡银坊庄。

高石桥　县东三十四里移风乡青史庄。

高勘桥　县东三十五里太平乡霞碧庄。

庙坝桥　县东三十五里太平乡霞碧庄。

汤板石桥　县东三十五里移风乡五女庄。

俞村庄石桥　县东三十五里浮玉乡。

承志桥　县东四十里皇路庄章姓承父志建此故名。

双溪桥　县东皇路庄左南屿水右大溪水经此。

杨村桥　县东四十里移风乡黄道庄。

洞　桥　二，一县东四十七里霅川庄，一县东五十里盘溪庄，俱太平乡。

石环桥　县东踢太平乡严边村。

环　桥　俞家坞。

第三节　驿铺

"血脉之关通，必赖邮传之递送也。"四方文书之往来，凭借重要的地理位置，安吉以"速度、责任"诠释着雷厉风行、不辱使命的"邮驿文化"。

安吉为故鄣地，自秦汉以来为金陵至杭州要道。据《越绝书》载："秦始皇三十七年（公元前 210 年）东巡之会稽（绍兴），由丹阳经溧阳，故鄣（安吉），余杭至会稽。"西汉时，江南驿道传递是以丹阳（宣城）为中心，向东通故鄣（安吉），再与乌程（湖州）相接。"独松岭上，……东南则走临安（杭州），西北则道安吉趋广德，为江浙两境步骑争逐之交……"据《元和郡县图志》载："由杭州至湖州、杭州至广德、宣城及江宁（南京），自余杭经麻车、双溪、古城、出独松关，又经递铺、安吉（安城）、梅溪、泗安入广德，宣城再至江宁。"

"邮置者，驿马也。邮者，铺递也。"驿铺是我国古代供传递官府文书和军事情况的人或来往官员途中食宿、换马的场所。驿传制度是古代维系政府行政差旅及文书和小宗物品传递的交通制度，曾因时代和政治环境之不同，而不断发生变化。驿递分立是宋代驿传制度的显著特点，宋时驿不再如唐代前期一样承担文书传递任务，而是与馆合并，成为专门接待公差人员的场所；文书传递则由递铺负责，因为职能的不同，递铺的设置比馆驿更为广密，不仅设于驿路，也设于没有驿的地方。南宋建都临安（今杭州），因国外使节和各地官员来京朝拜络绎不绝，驿道和驿馆的需求比以往增多。驿道十里设铺，三十里设驿，因金国军马时时侵扰南宋，故设急递铺，日行400里，传报紧急军情和皇帝诏命。安吉是临安（杭州）西北屏障，地势险要，位置重要。绍兴年间，安吉递铺是杭州至南京的重要驿站，置永安总铺，号称"六百里加快急递铺"而得名递铺。南宋嘉泰年间（1201—1204年）安吉设尹家、郎家、钮家、独松、西门5铺，并设安吉马驿（今安城南门）和独松马驿。

明洪武元年（1368年），诏令全国各处设置水马驿、递运所、急递铺。《洪武实录》载："因地理量宜设置。""专在递送使客，飞报军务，转运军需等物。"驿站的设置，以及车、船、马、人夫、什物等数目均有定例，不得轻易变动，驿站设有驿丞，是州县之下的微职末吏，地方官吏也不便，不乐意在管辖范围内设驿，明代安吉境内也并未设置驿站。据清同治《安吉县志》载：明洪武三年（1370年）安吉设永安、顺安、定福、安福、梅溪、荆湾、北山、上舍、段村九铺。明永乐十八年（1420年）迁都京师（今北京）后，北山、上舍、段村三铺废，剩下六铺。明弘治年间（1488—1505年）安吉设县前、永安、顺安、安福、定福、梅溪、荆湾七铺，配铺司兵十八名；孝丰设县前、灵奕、移风三铺，配司兵十一名。明嘉靖年间（1522—1566年），安吉州设9铺，孝丰县设3铺，安吉州总铺向东北经荆溪、安吉、梅溪、达长兴者3日，向南经顺安、定福达孝丰者2日，向西经北山、上舍、段村达广德者3日；孝丰县总铺，向北经灵奕达安吉者1日；向南经移风达余杭者1日。

清顺治年间（1644—1661年），安吉、孝丰两县铺司设置前袭明朝不变。清雍正《浙江通志》载：安吉州，次冲6铺，永安、梅溪、安福、荆溪、定福、顺安福司6名，铺兵12名，孝丰，次冲1铺，县前铺司1名，铺兵4名；偏僻2铺，灵奕、移风铺司2名，铺兵4名。

清同治元年（1862年）于梅溪、十一年于安吉县城，先后设立民信局；光绪二十二年（1896年），大清邮政总局成立；光绪三十二年（1906年），清政府成立邮政部，各地邮政局陆续建立，但驿铺的具体事务仍存在；直至民国初年，除个别地区外，驿铺均被裁撤，安吉和孝丰同时废除，为邮政和电信取代。至此，推行了二千多年的邮驿制度宣告结束。

而今，安吉驿铺上的历史遗存已所剩无几，但递铺港边的驿站广场，会让我们永远记得那段"快马加鞭"的历史。

【志书记载】

●宋嘉泰谈钥《吴兴志》卷九

升慈馆　在县南，旧名下升馆。

安吉马驿　在南门外。

独松马驿　在独松岭下。

迎恩门官亭　在县北。

蒙　泉　在西山，其上有亭，水味甘冷。俞退翁有"井遗德不改，蒙以养为功"之句。

得助亭　在丞厅之右。詹事沈枢有"沽酒频留客，围棋不计功"之句。

邮铺五：尹家铺、郎家铺、钮家铺、独松铺、西门铺。

●明嘉靖江一麟《安吉州志》卷三

永安铺　在州治南六十步，知州江一麟重建。

安福铺　在曹埠。

梅溪铺　在便民仓左。

荆溪铺　在颜村。

顺安铺　在三官里。

定福铺　在铅干溪东。

北山铺　在晏子乡。

上舍铺　在顺零乡。

段村铺　在顺零乡广德界。

总　铺　在县前。

灵奕铺　在灵奕乡。

移风铺　在移风乡。

永安铺司兵五名，顺安铺司兵□□□□铺司兵四名，安福铺司兵四名，梅溪铺司兵四名，荆溪铺司兵四名，叚村铺司兵三名，上舍铺司兵二名，北山铺司兵二名。

县前铺司兵五名，灵奕铺司兵五名，移风铺司兵三名。

●清康熙曹封祖《安吉州志》卷五

永安铺　在州治南六十步，知州江一麟重建。

安福铺　在曹埠。

梅溪铺　在便民仓左。

荆溪铺　在颜村。

顺安铺　在三官里。

定福铺　在沿干溪东。

北山铺　在晏子乡。

上舍铺　在顺零乡。

叚村铺　在顺零乡广德界。

●清康熙罗为赓《孝丰县志》卷二

总　铺　在县前。

灵奕铺　在灵奕乡，去县一十里。

沿干铺　去灵奕铺十里。

移风铺　在移风乡，去县二十里。

●清雍正《浙江通志》

安吉州＜赋役全书＞次冲六铺，永安、梅溪、安福、荆溪、定福、顺安，福司六名，铺兵一十二名。

孝　丰＜赋役全书＞次冲一铺，县前铺司一名，铺兵四名；偏僻二铺，零奕、移风，铺司二名，铺兵四名。

●清乾隆＜安吉州志＞（故宫珍本丛刊）卷二

〈劳府志〉宋昇慈馆,在县南,旧名下昇,今废;宋安吉马驿在独松岭下,今废。

永安铺　在州治南六十步,明知州江一麟重建。

顺安铺　在三官里。

定福铺　在沿干溪东〈伍志〉在蛮石桥南。

安福铺　在漕埠。

梅溪铺　在便民仓左。

荆溪铺　在颜村。

以上旧名次冲六铺,额设铺司。

荆溪铺　兵十二名。

北山铺　在晏子乡。

上舍铺　在顺零乡。

叚村铺　在顺零乡,广德界。

以上三铺俱在西乡,明初都金陵(南京)时设。〈案〉独松关为南宋驿传要路,铺基尚存,递铺之名盖由此始至今,下十里有铺前村,上十里亦有名铺,前者在郎里村之上,但铺舍久废,其名不可考。

●清同治光绪刘濬修、潘宅仁撰《孝丰县志》卷三

总　铺　县志前。

灵奕铺　灵奕乡距城一十里。

沿干铺　据灵奕铺一十里。

移风铺　移风乡距城二十里。

●清同治汪荣《安吉县志》卷二

〈劳府志〉宋昇慈馆在县西南旧名下昇,今废

宋安吉马驿在独松关岭下,今废

永安铺　〈刘志〉在州治南六十步,明知州江一麟重建。

顺安铺　〈刘志〉在三官里。

定福铺　〈刘志〉在沿干溪东〈伍志〉在蛮石桥南。

安福铺 ＜刘志＞在漕埠。

梅溪铺 ＜刘志＞在便民仓左。

荆溪铺 ＜刘志＞在颜村。

以上旧名次冲六铺，额设铺司六名，铺兵十二名＜案＞以上六铺铺司、铺兵数目今仍旧。

北山铺 ＜刘志＞在晏子乡。

上舍铺 ＜刘志＞在顺零乡。

段村铺 ＜刘志＞在顺零乡广德界。

以上三铺俱在西乡，明初都金陵（南京）时设，＜刘志＞案独松关为南宋驿传要路，铺基尚存，递铺之名盖由此始，至今下十里有铺前村，上十里亦有铺前村，上十里亦有名铺前者，在朗里村之上，但铺舍久废，其名不可考，＜案＞以上三铺今俱废。

第四节　亭

"亭者，停也，所以停憩游行者"，星罗棋布地散落在山路古道之上的亭子，在那交通不发达的年代里，是行进中的挑夫、樵汉、过客的途中期盼。

《说文》载："亭，人所安定也。"《辞海》云："亭，一种开敞的小型建筑物。《园治·亭》：'亭者，停也，所以停憩游行者'。""亭榭无关于国计，似无庸书，然道路憩息以节劳役，以避风雨，或官或私，总为便民而建。"

亭有路亭、邮亭、桥亭、渡亭和游览亭之分。路亭与路相连，有的设在分岔路口，有的设在路之山顶，有的设在路之山腰，有的设在路途的田塅之中，有的设在河边渡口，星罗棋布地散落在山路古道之上，方便行人及时得到小憩；邮亭专供邮驿人员小憩；桥亭建在桥堍或桥面中间；渡亭设于渡岸两侧，渡客可坐在亭内候船；游览亭供游客观赏风景之用。以上不同功用的亭，在安吉历史上都曾存在，如南门渡的憩亭、桥边的曹埠亭、万埭亭，邮驿的迎恩门官亭、灵奕铺亭等，以路亭数量最多。

路亭的建设，浙江境内始于南宋，明清时期随着经济的发展，道路行人接踵，因此路亭的建筑也多起来，特别对于肩挑负贩者，路亭是十分重要的设施。县与县之间、乡与乡之间、县与乡之间，均有路亭。关于路亭的修建，筹款方式有个人捐款、当地村民集资、向社会募捐等三种，有的还有义田，以田产收入免费供给茶水并作常年修缮之用。安吉有文献记载的亭子最早为宋时所建，州治城内的清淑亭、州丞厅旁的得助亭、州西三里落石山即玉磬山上的真赏亭、顺安乡的霓云亭均为宋时建造。明清以后，随着经济的发展，亭的数量不断增加，清光绪《孝丰县志》载孝丰有各类亭共计33座，清同治《安吉县志》载安吉有各类亭共计20座。但亭作为一种民间交通设施，由于在历次战争中损毁和年久失修自然坍塌，加上道路变迁和桥梁的改建，现已为数不多。据1984年《安吉地名志》载：全县尚存原昆铜乡乐平亭、十里凉亭、原晓墅镇的上摆渡渡亭、孝丰镇的大岭脚亭、报福镇的凉亭、山河乡的半山凉亭、港口乡的之畈亭。据第三次全国不可移动文物普查认定标准，目前仅剩乐平亭。

乐平亭，位于梅溪镇独山头村乐平寺自然村，因旁有南朝建的乐平寺，故名"乐平亭"。该建筑为飞檐石柱砖木结构一层歇山顶造，四面无墙。平面为正方形，边阔7.9米，建筑占地面积为62.4平方米。檐柱为石质方柱，金柱为木质圆柱，共12根石柱、4根木柱，梁、枋上雕刻缠枝花卉纹，南北两面石柱上刻有对联："锁铜谨严重建塔山路口，桥梁联络高出梅墅街头；三百六旬往来预防风雨，七十二村出入旧话昆铜。"南北朝宋元嘉元年（424年）信义太守陈斌建造，清光绪二十一年（1895年）重建，1996年原昆铜乡党委、人民政府对凉亭进行了重新修复。

【志书记载】

●清康熙罗为赓《孝丰县志》卷二

亭榭无关于国计，似无庸书，然道路憩息以节劳役，以避风雨，或官或私，总为便民而建，有其举之，曷可废乎，故并及之。

中馆亭　上墅亭　新墟亭　武昌岭亭　斛岭亭　青山亭　碧门亭　牙前亭　此东路往来通余杭省城。

幽岭亭　西山亭　陈安亭　彭宅亭　张坞亭　独山亭　白马亭　长林亭　汤口亭　此南路往来通宁国於潜。

大竹垓亭　砖桥亭　西圩亭　黄泥冲亭　诸合凉亭　此西路往来通宁国广德。

堂子山亭　五山亭　灵奕铺亭　唐福亭　兆干亭　此北路往来通安吉递铺。

白慈桥亭　平陆亭　鱼溪口亭　此北路往来通广德者。

或在中野，或在山僻，风雨骤至，炎暑交蒸，暂得驻息，庶无疾困，系非细也，故详之。

●清乾隆《安吉州志》（故宫珍本丛刊）卷三

前岗亭　在崑山乡。

横溪亭　在铜山乡。

憩　亭　在南门渡，明嘉靖甲子里人吴瑞建，乾隆十年里人潘绍文等倡募重建，移至今所。

八亩亭　在芝里村东首，亭西有东平王庙，朱姓公建置，有田亩以供香火。

双溪亭　在凤亭乡双溪口旁，设营房。

万寿亭　在凤亭乡，祥溪里人吴通生重建。

井　亭　在凤亭乡余墩村。

陈村亭　在定福乡，旁有太平庵。

富溪亭　在定福乡，乾隆十年里人严焕建。

白云亭　在顺安乡，白云桥侧。

石郭亭　在顺安乡，石郭里。

龙山亭

土山亭

石关亭　俗名七里亭，在晏子乡。

接官亭　在西乡凉蓬头。

莫家亭　在西乡姚坞。

杯渡亭　俗名七里亭。

曹埠亭　浮塘亭　万埭亭　俱在安福乡。

乐平亭　在小市。

颜村亭　在荆溪乡。

●清同治汪荣＜安吉县志＞卷三

前岗亭　＜刘志＞在崑山乡。

横溪亭　＜刘志＞在铜山乡。

憩　　亭　＜刘志＞在南门渡，明嘉靖甲子里人吴瑞建，乾隆十年里人潘绍文等倡募重建，移至今所咸丰间圮。

八亩亭　＜刘志＞在芝里村东首，亭西有东平王庙，朱姓公建置，有田亩以供香火。

双溪亭　＜刘志＞在凤亭乡双溪口旁，设营房。

万寿亭　＜刘志＞在凤亭乡，祥溪里人吴通生重建。

井　亭　＜刘志＞在凤亭乡余墩村。

陈村亭　＜刘志＞在定福乡，旁有天平庵，同治十一年里人重建。

富溪亭　＜刘志＞在定福乡，乾隆十年里人严焕建。

白云亭　＜刘志＞在顺安乡白云桥侧。

石郭亭　＜刘志＞在顺安乡石郭里。

龙山亭　土山亭　以上二亭俱在晏子乡。

石关亭　＜刘志＞俗名七里亭，在晏子乡。

接官亭 〈刘志〉在西乡凉蓬头。

莫家亭 〈刘志〉在西乡姚坮。

杯渡亭 〈刘志〉俗名七里亭，同治五年重建。

曹埠亭 〈刘志〉在州北十五里，咸丰十一年毁。

浮塘亭 在县北二十里，咸丰十一年毁，同治十一年公局重建。

万埭亭 〈刘志〉在定福乡。

颜村亭 〈刘志〉在荆溪乡。

●清同治光绪刘濬修、潘宅仁撰《孝丰县志》卷三

中管亭　上墅亭　新墟亭　武曲岭亭　斛岭亭　青山亭　碧门亭　牙前亭　幽岭亭　此东路往来通余杭省城。

西山亭　陈安亭　彭宅亭　张坞亭　独山亭　白马亭　长林亭　汤口亭　此南路往来通宁国於潜。

大竹垓亭　砖桥亭　西圩亭　黄泥冲亭　诸合凉亭　此西路往来通宁国广德。

堂子山亭　五山亭　灵奕铺亭　唐福亭　北干亭　此北路往来通安吉递铺。

白慈桥亭　平陆亭　鱼溪口亭　此北路往来通广德者。

〈按〉以上照录罗志，以下今增减，仍分四路而次其远近里数。

万柯庄亭　县南一天目乡费家庄。

泉　亭　县南三里天目乡胡头庄。

徐家岭亭　县南七十里天目乡徐家庄。

万科岭亭　县南十里天目乡青德庄。

师岭亭　同上处。

永峰亭　县南十七里广苕乡邦溪庄。

潘村石亭　县南十里广苕乡。

石门岭亭　县南四十里金石乡桐相庄。

章立庄亭　县南四十七里金石乡。

宁丰亭　县西太平乡杭岭下。

义成亭　县西十七里天目乡赤坞庄。

桐坑村东亭　县西六十里太平乡，有碑。

围塘里亭　县西六十里太平乡。

铁岭关西亭　乡庄同上。

殿子庄亭　县西六十六里太平乡。

青云亭　县西七十三里天平乡高村庄。

永安亭　县北十五里灵奕乡。

前江庄亭　县北十六里鱼池乡。

箸岭亭　县北三十里鱼池大荣庄。

太平亭　县北四十五里鱼池乡景坞庄。

香雨亭　县北五十里吴村。

文村亭　县东十里孝丰乡，有碑。

轸山庄亭　县东十二里太平乡。

抱姑亭　县东二十里太平乡。

五巷庄亭　县东二十五里孝丰乡。

山头村亭　同上处，有碑。

白小□亭　同上处，有碑。

石凉亭　县东三十里浮玉乡，通徽宁要道。

碰头庄亭　县东三十里浮玉乡。

庆禾亭　县东三十二里移风乡西坞庄。

俞家坞亭　县东三十五里移风乡。

喻义亭　县东三十五里移风乡喻柏庄。

半山亭　县东六十里浮玉乡，有碑。

大溪庄石亭　县东六十里浮玉乡。

第五节 渡口

用船渡河是最古老的一种过河方式。渡口的出现，给隔水相望的人们带来了希望，一处处渡口，就像一座座连接过往人群的活动浮桥，打破了天然屏障。

随着时代的推移，道路交通的发展，有很多渡逐步改建为各式各样的桥梁。而随着人口的繁衍，土地的开发，居民居住范围的扩大，又增加了许多新的渡口。

安吉地处山区，是西苕溪的源头。全县的水系像一柄芭蕉叶的叶脉，上面涧溪多流，但是河窄水浅，加之建桥材料可以就地取之，故木桥、石桥较多。而下游河宽水急，加之古代生产力发展水平低下，架桥的难度可想而知。大部分的居民沿河岸而居，因缺少桥梁，渡口成了两岸群众出行最方便、最快捷的交通方式。明嘉靖《安吉州志》载，有南门渡、吴家山渡、德新桥渡、温家滩渡、紫溪渡、梅溪渡、邵家湾渡、颜村渡、百丈汀渡、江渚溪渡、箭东渡、铅干渡、五山渡、山公渡、豹雾渡、陈安渡等 16 处渡口。清同治年间，安吉有德新渡、南门渡、马家渡、汇渚溪渡、渔渚溪渡、紫溪渡、沿干渡、温家滩渡、邵家湾渡、梅溪渡、颜村渡等 11 渡；孝丰有潴溪渡、费家渡、理村渡、陈安渡、杨坑渡、茹湖渡、五山渡、豹雾渡等 8 渡，分布在西苕溪沿岸的乡镇，以小木船摆渡。1952 年发展至 29 处，从 20 世纪 70 年代后期开始，撤渡建桥增多，安吉西苕溪狮子渡、梅园渡、姚河渡、韩家渡、马家渡、渚溪渡、二梅渡、岳溪渡、康山渡、高峰渡、红渚溪渡等都相继建筑公路桥和农桥，至 20 世纪 90 年代，安吉有渡口 13 处，均为钢质渡船。2003 年以后，安吉县境内开始撤消渡口。2005 年 12 月，仅剩的最后一个渡口梅溪荆湾渡口被撤消，安吉的渡口正式从人们的视野中消失，成为了历史。

　　渡口与桥梁一样为地方公益设施，经费通常由民间募筹，也有渡口置有渡田，以资维修渡船及维持渡工生计，里人、寺僧均有赠田，清同治《安吉县志》载"马家渡＜刘志＞在州东二里，里人钱骝仁捐田三亩，备修渡船兼给渡夫工食……温家滩渡＜刘志＞在州东北三里，雍正七年，西禅寺僧正一捐田六亩，永给渡夫耕种作工费"；清光绪《孝丰县志》载"理村渡，县南天目乡＜罗志＞陈冠郎起萃陈楫等助田置"。中华人民共和国成立后，渡口由民政部门管理，从1954年起改由航运管理部门管理，渡工报酬由所在乡村负担，偶向外地过客收取少量渡费，从80年代起实行"以渡养渡"，一律实行过渡收费……

　　如今，渡口已不存在，但人们还一直保留着对渡口的怀念，像马家渡、上摆渡等好几处渡口，现在的地名还是沿用着当时渡埠的名称。

【志书记载】

●明嘉靖江一麟《安吉州志》卷二

南门渡　去州南二里。

吴家山渡　去州北八里。

德新桥渡　去州东三里。

温家滩渡　去州东北三里。

紫溪渡　去州南十里。

梅溪渡　去州北三十里。

邵湾渡　去州北十五里。

颜村渡　去州北四十里。

百丈汀渡　去州北五十里。

江渚溪渡　去州东一十里。

箭东渡　去州东南一十五里。

沿干渡　去州南二十里。

五山渡　去孝丰县东北五里。

山公渡　去孝丰县北一里。

豹雾渡　去孝丰县东北一十五里。

陈安渡　去孝丰县西南一十里。

●清康熙曹封祖《安吉州志》卷三

南门渡　去州南二里。

吴家山渡　去州北八里。

德新桥渡　去州东三里。

温家滩渡　去州北三里。

紫溪渡　去州南十里。

梅溪渡　去州北三十里。

邵湾渡　去州北十五里。

颜村渡　去州北四十里。

百丈汀渡　去州北五十里。

江渚溪渡　去州东南十里。

箭东渡　去州东南一十五里。

沿干渡　去州南二十里。

●清康熙罗为赓《孝丰县志》卷二

五山渡　县东北灵奕乡，为丰邑要津，知县郭治编筏以渡，递举递废，万历庚子知县黄朝选易置以船议监役一名，永为修理义民助田□渡田中，知县杨锡汝建亭其上。

茹湖渡　县北十里，鱼池乡。

沿干渡　县北二十五里，安吉界，渡夫每年给工食银若干。

潴溪渡　县南五里，广苕乡。

杨坑渡　县西五里，广苕乡。

费家渡　县南一里，天目乡，知县黄朝选置。

陈安渡　县西南十里，广苕乡，知县郭治置。

豹雾渡　县东北十五里，鱼池乡。

理村渡　陈□郎□莘陈楫等助田置。

●清乾隆《安吉州志》（故宫珍本丛刊）卷三

德新渡　在州东三里。

南门渡　在州南二里，乾隆十年，知州刘蓟植倡士民潘绍文等公建平屋两楹，置田收息，备修亭船及南乡道路兼给渡夫工食，有碑记。

马家渡　在州东二里，里人钱骝仁捐田三亩备修渡船兼给渡夫工食。

江渚溪渡　在州东南十里。

箭东渡　在州南十五里，今更桥。

紫溪渡　在州南十里。

沿干渡　在州南二十里。

温家滩渡　在州东北三里，雍正七年，西禅寺僧正一捐田六亩，永给渡夫耕种作工费。

邵湾渡　在州北十五里。

梅溪渡　在州北三十里。

颜村渡　州北四十里。

＜案＞以上诸渡俱额设＜曹志＞吴家山渡，在州北八里，百丈口渡在州北五十里，以非全书未便正书因附存之。

●清同治汪荣《安吉县志》卷三

德新渡　＜刘志＞在州南二里，乾隆十年，知州刘蓟植倡士民潘绍文等公建，平屋两楹，置田收息，备修亭，船及南乡道路建给渡夫食，有碑记，今田无考。

马家渡　＜刘志＞在州东二里，里人钱骝仁捐田三亩，备修渡船兼给渡夫工食。

江渚溪渡　＜刘志＞在州东南十里，今废。

渔渚溪渡　在州南十里，向石桥，同治间改为渡。

紫溪渡　＜刘志＞在州南十里。

沿干渡　＜刘志＞在州南二十里。

温家滩渡　＜刘志＞在州东北三里，雍正七年，西禅寺僧正一捐田六亩，永给渡夫耕种作工费。

邵湾渡 ＜刘志＞在州北十五里。

梅溪渡 ＜刘志＞在州北三十里，＜案＞此渡两岸俱出入要道，不得起造。

颜村渡 ＜刘志＞在州北四十里。

＜案＞以上诸渡俱额设＜曹志＞吴家山渡在州北八里，夷汀渡在州北五十里，以非全书所载未便正书因附存之。

●清同治光绪刘濬修、潘宅仁撰《孝丰县志》卷三

费家渡 ＜罗志＞县南一里，天目乡，明知县黄朝选置。

潴溪渡 ＜罗志＞县南五里，广苕乡。

理村渡 县南天目乡，＜罗志＞陈冠郎起萃陈楫等助田置。

杨坑渡 县南七里，＜罗志＞县南五里广苕乡。

陈安渡 ＜罗志＞在县西南十里，广苕乡，明知县郭治置。

茹湖渡 ＜罗志＞县北十里，鱼池乡。

永安渡 一名康山渡，县北十五里，灵奕乡康山庄。

豹雾渡 ＜罗志＞县东北十五里，鱼池乡。

乌象渡 县北十七里，灵奕乡唐福庄。

狮子渡 县北十七里，唐福庄通安吉界。

沿干渡 ＜罗志＞县北二十五里，安吉界渡夫每年给工食银。

五山渡 ＜罗志＞县东北灵奕乡，为丰邑要津，知县郭治编筏以渡，万历庚子知县黄朝选易以船议盐役一名，永为修理义民助田知县杨锡汝建亭其上。

第六节 关隘

"巍峨如插汉，攀援独无门。"连绵的天目山脉，逶迤的崇山峻岭，安吉是天然的屏障。东、西、南三面皆山，北面豁口通向太湖，安吉为兵家必争、商贾往来之要，"安吉之于浙也，犹头目之不可不卫也。"

关隘是古代战争的产物，军事防御和控制交通的重要设施，古今军事家选择战场，无不重视关隘的险峻。

安吉地处杭州西北，西界安徽，境内重岗结涧，岭路险狭，为江浙步骑争逐之交，东南必争之地，天目山自南向西、东延伸，群峰山峦中筑有多处重要关隘。东支山脉的关隘分别设于安吉与临安、余杭、德清的交界处，西支山脉的关隘建于与安徽接壤的山脊线上，南宋建都临安（杭州），安吉为京都大门，战略地位十分重要，这些关隘均为宋末守御之处，据《宋书》记载，天目山脉西支一线有孔夫关、千秋关、虎岭关、铁岭关、金鸡关等，东支一线有幽岭关、大路关、独松关、高坞关、铜关等，今多数已坍毁。

独松关，位于安吉、余杭两县交界的独松岭下，此岭北上 500 里至金陵（南京），故为江浙要道。清同治《安吉县志》载：独松关在州南四十里独松岭下，关以内皆石塘大路，狭处仅容单骑，唐武德四年（621 年）李子通据余杭，杜伏威将王雄诞击之，子通以精兵守独松岭，熊诞遣别千人乘高据险逼之，多设疑兵，子通遁走。宋建炎三年（1129 年）金完颜弼（兀术）自广德过独松岭，见无戍者，叹曰"南朝可谓无人矣，若有一二千人守河，吾辈岂能渡哉"。四年（1130 年）叠石为关，关隘块石砌成，跨独松港衔联两山，长 60 米，高 5 米，厚 10 米，设箭楼和兵营 6 间。咸丰十一年（1861 年）毁于战火，今仅存关门。明都御史凌说曾作《独松冬秀》诗："撞破关门山势开，树头云起唤龙来，擎天老盖高千丈，傲雪贞标压众材。"

清同治《安吉县志》："高坞关在州南四十里高坞岭，与独松关、百丈关、铜关等诸关皆宋末守御之处。今废，仅存遗址。"高坞关如今尚存 1.5 米宽的关口，石砌关墙东侧长 16 米、残高 2.6 米，西侧以自然的巨大岩石山体为关墙。"古铁岭关，县西七十里。邑人施元任记：古铁岭关者，始建于季唐，宋元以来建制如旧，曰古也。"古铁岭关建于唐末，宋、元以来均保持关隘建制，清两次重修，关隘连接两座山，两侧为峭壁陡坡，易守难攻，现存有南北向石砌关墙，部分坍塌，关墙残高 1.5 米，关门宽 1.6 米。虎岭关，据《宋史》记载，岳飞率领的岳家军在安吉境内曾有两次比较重要的战役，均发生在虎岭关，现存关口为自然山体开一豁口，宽约 5 米。

"险关之要，守之则有万夫莫克之利，失之则有全军覆没之危。"历经朝代兴亡，物是人非，如今这些关隘虽已失去其险要的地理位置和军事上的雄关气势，但古风犹存，已成为后人凭吊叙怀的场所。

独松关：位于昌硕街道双溪口村关上自然村独松岭北麓山脚，东、南、西三面环山，北连关上自然村。关墙块石垒筑，原东连前山，西接观壁山，跨独松溪而建，全长近百米。现存山溪以西部分，东西长 23.5 米、南北宽 12.38 米、高 6.6 米。南北向"瓮城"式结构，关洞较狭窄，平面呈长方形，南北长 7.32 米、东西宽 3 米，关洞顶中部开一瓮口。拱券式关门南北两扇对置，南关门置两道拱券。关顶上原有箭楼，现已毁，平面呈长方形，东、南、北三面沿关墙壁砌有防护墙。南关门西侧紧挨墙体设石砌台阶，沿台阶可登关顶。

高坞关：位于昌硕街道三友社区石马村上村半岭中。石砌关墙东侧长 16 米、残高 2.6 米，再往东隔山溪为陡峭的山体；西侧关墙是一列相互垒砌的大块石，再是自然的巨大岩石。关口宽 1.5 米、深 1.5 米。距关墙南约 10 米处的一块较大的自然岩石上，发现有从下到上共五个人工雕凿的凹痕，岩石顶较为平坦。根据岩石与关墙相连处尚存有多处石块分析，当时的人是通过攀爬岩石并借助其至关墙上部建筑的。关墙上部建筑已毁，散见较多乱石。

铁岭关：又称"董岭关"，位于杭垓镇杭河村西南2000余米的山体上，海拔497米，西与安徽省宁国市接壤。铁岭关现存有南北向石砌关墙，部分墙体坍塌。关墙长50余米、残高1.5米，关门宽1.6米、深2米。一古道穿关而过，安吉境内石砌路面已毁，安徽境内完整。

【志书记载】

●明嘉靖江一麟《安吉州志》卷二

独松三关　在凤亭乡独松岭（按元史宋建炎中，完颜宗弼自安吉金兵过其地，叹曰：南朝可谓无人，若有一二千人守河，吾辈岂能渡哉？然则是关殆宋之要害耶）。

高坞关　在凤亭乡高坞岭。

铜　关　在铜山乡，去州东四十五里。

湛水关　在铜山乡，去州东四十里。

福水关　在湛水关西五里。

金竹关　在崑山乡，去州东北四十五里。

孔夫关　在孝丰县西南六十里金石乡（宋章仔钧以承节郎提督是关）。

五岭关　在孝丰县西北五十五里鱼池乡。

苦岭关　在孝丰县西四十里太平乡。

乌山关　在孝丰县东五里移风乡。

郎採关　在孝丰县於潜县界。

以上诸关皆宋末兵兴垒石守备之处。

●清康熙曹封祖《安吉州志》卷四

独松三关　在凤亭乡独松岭，（按元史宋建炎中，完颜宗弼自安吉金兵过其地，叹曰若有一二千人守河，吾辈岂能渡哉？然则是关殆宋之要害耶）。

高坞关　在凤亭乡高坞岭。

铜 关 在铜山乡,去州东四十五里。

湛水关 在铜山乡,去州东北四十里。

金竹关 在岜山乡,去州东四十五里。

●清康熙罗为赓《孝丰县志》卷二

关隘、道路、邮铺:丰,岩邑也,据湖上游,西北界连宁广,南为省会门户,故关隘、道路、邮铺司,治者,所必谨焉。

孔夫关 县西南六十里,宁国界。

唐舍关 县西七十里,宁国界。

五岭关 县西北五十里,广德界。

苦岭关 县北四十里,广德界。

乌山关 县东南四十里,临安界。

幽岭关 县东三十五里,余杭界。

郎採关 於潜界。

独松关 余杭界。

●清乾隆刘蓟植《安吉州志》(故宫珍本丛刊)卷三

勇夫重闭,况国乎,州于南宋密迩赤几,诸关察纂名址尚存。

独松关 在州南四十里独松岭下,关以内皆石塘大路,狭处仅容单骑＜余杭宋志＞宋末设兵戍守,信国文公尝驻防其地有诗。

百丈关 在州南四十里,接余杭界,＜案＞通志百丈关在百丈岭即今石版岭,在余杭界向无旧关遗迹,惟距岭北三里,与州接界处土,名关口有山曰关山遗址犹在,地颇险要,百丈关疑即此处。

高坞关 在州南三十里高坞岭。

湛水关 在州东四十里铜山乡。

福水关 在湛水关西五里。

铜 关 在州东四十五里铜山乡。

金竹关 在州东北四十五里,岜山乡,接长兴界,通志在长兴。

以上诸关皆宋末守御之处,今废,仅存遗址。

●清同治汪荣《安吉县志》卷三

独松关 〈刘志〉在州南四十里独松岭下,关以内皆石塘大路,狭处仅容单骑,〈通志〉唐武德四年李子通据余杭杜伏威将王雄诞击之,子通以精兵守独松岭,雄诞遗别将,将千人乘高据险逼之,多设疑兵,子通遁走〈名胜志〉高宗建炎三年金兀术自广德过独松关,见无戍者,谓其下曰:南朝可谓无人,若以赢兵数百守此,吾岂能飞度哉?"〈宋史〉帝显德祐元年,元兵破独松关,冯骥死之〈余杭宋志〉宋末,设兵戍守,信国文公尝驻防其地有诗。

百丈关 〈刘志〉在州南四十里,接余杭界〈案〉通志百丈关在百丈岭上,查百丈岭即今石版岭,在余杭界向无旧关遗迹,惟距岭北三里,与州接界处土,名关口有山,曰关山,遗址犹在,地颇险要,百丈关疑即此处。

高坞关 〈刘志〉在州南三十里高坞岭。

湛水关 〈刘志〉在州东南四十里铜山乡。

福水关 〈刘志〉在湛水关西五里。

铜 关 〈刘志〉在州东四十五里铜山乡。

金竹关 〈刘志〉在州东北四十五里崑山乡接长兴界。

以上诸关皆宋末守御之处,今废,仅存遗址。

●清同治光绪刘濬修、潘宅仁撰《孝丰县志》卷三

孔夫关 县西南六十里,界宁国,〈王显承竹枝词〉长嘶白马翠微间,独立村前望独山,乍去乍来金石路,江南人度孔夫关。

唐舍关 县西七十里,界宁国。

古铁岭关 县西七十里〈邑人施元任记〉,创始于季唐,宋元以来建置如旧,故曰古也。今附关村落皆董姓,俗昧铁岭名,群称之曰董岭关,以关设于岭。岭西则皖省之宛陵境,岭东则吾原乡境,烽烟直逼皖境。而浙东三郡以吾邑为隘口,吾邑则又以是关为隘口,相依唇齿,不得不复为是关也。咸丰四年秋,邑宰履勘申详,大宪札饬督造,择日选时,稽盘定向,慎其事也。砖埴石础,宗柱之属,皆估价而程之。不差派闾阎,不假手胥吏,心乎民也。鸠工庀材,弹压经理,各有其司,俾无靡费,而速其成也。是举也,事不劳民,工成

不日，此皆赖有贤公卿也。公卿者谁？督饬则中丞黄公寿臣，太守王公锡轩；筹办则邑宰余公春屏也。任等职非当事，何以知之详而言之晰？邑宰延之以董其役也。兴役于咸丰甲寅闰七月望日，越六月癸丑望日告成。关已新而仍以古名者，后之视今亦犹今之视昔也。镂其事于额者，志不忘也。

分龙关　县西七十五里，极严岭上，界宁国，为邑西隅要隘。

虎岭关　县西四十里，界广德。

五岭关　县西北五十里，界广德。

大坞关　县东三十里，界余杭安吉。

幽岭关　县东三十五里，界余杭，旧设汛，今裁。

乌山关　县东西四十里，界临安，<王显承竹枝词>潮平港口雨初收，横路斜分曲水流，一朵乌山关不住，溪云飞向塔边浮。

大　关　县东通临安。

郎採关　界於潜。

独松关　界余杭，为邑要隘，旧有安吉马驿，今废。

<罗氏云>天目山亘于杭、湖两郡间，余杭、临安、於潜、昌化皆在其阳，安吉、孝丰皆在其阴，山之西麓与江南宁国县接界，为西出之间道，言地险者，天目其未可略矣。独松关在独松岭上，自天目而北重岗结涧，回环数百里，独松岭杰峙其中，岭路险狭，东南则直走临安，西北则道安吉趋广德，为江、浙二境步骑争逐之交，东南有事，此亦必争之地也。唐德武四年，时李子通据余杭。杜伏威将王雄击之。子通以精兵守独松岭，雄诞遣将千人乘高据险逼之，多设疑兵，子通遁走。宋建炎三年兀术自广德过独松关见无戍者，谓其下曰，南朝若以羸兵数百守关，吾岂得度哉。德佑元年以元兵渐迫遣将列戍要害，命罗琳戍独松关。元将阿刺罕自建康分兵出广德四安镇，犯独松关，遂陷。临安震惧。其与独松关近者，又有百丈关，在百丈岭上，余杭与安吉分界，又有幽岭关，在幽岭上，孝丰与余杭分界，谓之“独松三关”。元至正十二年，徐寿辉将项普略等屡犯杭州，攻独松百丈

幽岭三关，董抟霄击之，以兵先守双溪，既又分为三军，一军出独松关，一军出百丈，一军出幽岭，然后，会兵捣贼巢，遂乘胜复安吉；又进克广德，平徽州，盖自昔为险要之地矣。

横挑苏岭落晴虹——万埭桥

曲抱混泥环锦带

横挑苏岭落晴虹

水涨苕溪破碧浪

浅挑港北架云梯

一

万埭桥，俗称高桥，位于梅溪镇马村村狮子山自然村西北。东距西苕溪约 1000 米，南邻狮子山，西距翠云山 1000 米左右，北距殷山 400 米。横跨由西向东流向的浑泥港，溪水经万埭桥折向东汇入西苕溪。属于主河道上能通航的高拱桥。在古代安吉、孝丰，万埭桥是通往湖州的主要桥梁，也是湖州和杭嘉湖通往安徽宣城的主要路径，为县境内最高、最古老的大型石拱桥。历史上为孝丰、安吉至梅溪交通要道上的必经之地。

万埭桥为单孔石拱桥，呈东北—西南走向，桥长 36.68 米、宽 3.79 米、拱跨 14.5 米、桥拱矢高 7.75 米。两端为石砌桥台，桥面呈弧形，桥体以花岗岩为主，由于多次维修后增添青、黄诸石，拱桥桥体内填充碎石、砂石等。金刚墙南、北两侧系用淡红色花岗岩质块石平行错缝叠起，间有灰黑色太湖石块石，块石厚 0.26-0.36 米不等，长 0.5-1.5 米不等，自下而上逐步收拢，直至桥面。拱券共有 9 节，跨度 14.5 米，矢高 7.75 米，拱顶处桥体厚度约 1.4 米。拱券为纵联分节并列式，每行由 7 块券石并列，间横条石。

桥面两侧有护栏和望柱，护栏为花岗岩条石，间隔方形望柱，望柱头镌刻精美含苞欲放的荷莲，及方形束腰花卉图饰。两端桥堍各有踏跺 13 级，供行人上下。拱券两旁各有长柱石，宽 0.32 米、高 3.2 米，上有形象逼真的兽头，下置饰花柱座，宽 0.42 米、高 0.25 米，中间刻有空心隶体桥楹，东联为："曲抱浑泥环锦带，横挑苏岭落晴虹。"西联为："水涨西溪破碧浪，浅挑港水架云梯。"

桥体两侧引桥铺设花岗岩石板，桥两侧的驳岸为自然式山石驳岸与缓坡驳岸，缓坡种有植被。桥体西侧护坎处有 1.2 米游步道，采用石板铺设，长度约 30 米。桥西侧 20 米处立有一碑，碑为石灰质，呈灰白色，无首无座。碑高 1.27 米、宽 0.8 米、厚 0.23 米。碑正面为"重建万埭桥碑记"，落款为"清乾隆二十六年"，内容记述该桥的历史；背面为"1948 年重修万埭桥碑"，内容记述了 1948 年为何重修此桥及捐资者姓名等。

万埭桥是安吉县内保存较好的古老石拱桥之一，在县内已不多见，自明嘉靖年间建桥以来，已历时近五百年，虽几度重修，仍保持着明清桥梁特色。桥碑两侧所刻数以百计的捐银名单，反映了安吉不同时期民间募捐修桥之风的盛行。

二

万埭桥的地理位置十分重要，是古时湖州、梅溪至安吉、孝丰两县城的必经之路，船舶可直通上海、江苏、杭州，是明清建修的必然所在。

明正德十四年（1519 年）始建木桥，桥址在殷山附近。

明嘉靖年间（1522—1566 年），因木桥毁于洪水，马守仁等人集力易木改为石梁桥。

清顺治初年（1644 年）桥圮，当地居民靠舟摆渡往来。

康熙九年（1670年），安吉知州曹封祖募建石拱桥，桥址从殷山北移今址。

康熙四十年（1701年），桥又坍，蒋安孝募捐一千二百典工缔造。

乾隆二十五年（1760年），安吉知州郭瀛复重建，遣马观风负责购料修桥；乾隆二十六年（1761年）修成，八月撰写碑记，叙述该桥历史，立于桥西，曾更名郭公桥。

光绪十一年（1885年），安吉知州刘蓟植牵头维修。

民国初年，经时任浙江省议会议长莫永贞的资助，建成如今的万埭桥。

民国三十三年（1944年），为阻止日军扩侵，炸毁桥顶。

民国三十七年（1948年）6月，由地方募捐修复。

中华人民共和国成立后，政府拨款又进行局部维修。

2015年，对万埭桥进行整体维修。

在万埭桥的维修过程中，不得不提一位六门僧人。从曹封祖《记重修万埭桥序》中可见，康熙九年（1670年）万埭桥的修成要感谢六门僧人。"己酉之秋，余临莅鄣南，见夫道路桥梁久湮，而万埭为尤甚，招舟者既相持恐后，鼓棹者亦应接不遑，余方忧夫修举之无从。"不出十天，"六门执册合掌而求捐于余"，僧人六门向知州曹封祖募捐，知州以"方莅兹土，百废未举，奚瑕及此，即欲捐些须之金钱，亦不足以砥狂澜"婉拒，僧人回答"夫募者为愿，施者为缘，愿无方而缘亦无方。以愿求缘，以缘成愿，则桥成可待矣！因思夫徒杠舆梁，此为政者之事，今以责之浮屠，余实自愧"，知州反思"能存斯心以期攸济，是即为慈航也，是即为彼岸也，是即为福田也""尽因六门之请，而为是言，并捐俸钱以成是事，且勿失六门之意焉尔"，最终促成了万埭桥维修的佳话，于次年完成了募建。

如今，万埭桥已历经近五百年风雨，见证了梅溪的繁华沧桑；从木桥、渡口到石梁、石拱桥，历经几种建桥形式，见证了我国桥梁建造方式的变迁；曹封祖、郭瀛、刘蔺植、莫伯衡永贞、莫六笙等多位州官贤达牵头建造维修，是官办与民资共同参与社会公共事业的典范之作。

三

"曲抱浑泥环锦带，横挑苏岭落晴虹""浅挑港北架云梯，水涨西溪破碧浪"，这副桥楹准确地将万埭桥桥身如弓、横越如虹的雄伟风姿展现了出来。桥面条石平铺，远远看去，恰似一道彩虹横跨于浑泥港上。挂满藤蔓的桥体、微波荡漾的河水，与两岸青山融为一体。站在岸边看万埭桥，水面的拱形与水下的倒影，恰成一圆，确乃"竹尽水乃现，高桥胜景图"。"黄梅出山货，从此抵梅溪。估客桃州返，桥边说价低。"竹筏进浑泥港，穿越万埭桥，似长龙般悬浮在河面上，缓慢地向东撑行。

万埭桥结构严谨坚固，先民们在石拱桥建筑工程技术方面的创造力和聪明才智在万埭桥的修建上体现得淋漓尽致。桥面台阶上刻碎状条纹，便于行走，可防雨天路滑；踏跺宽阔，宽达1.2米左右，中间嵌长条石，利于山区独轮车运货出市；拱券采用纵联分节并列砌置法，反映了安吉明清时期石拱桥建筑的时代特征；薄拱薄券，工艺称绝，在石拱桥中少见；拱桥呈半圆形，跨度大，可解决较大船只的航行；横贯桥身当中，埋有两条长锁石，可防止砌筑的石拱向两边分离，增强桥身承受压力；桥墩采用分水盘、条石基础及支撑桩，既可分解承受桥身压力，又能防止河床泥沙冲刷。

"落雨穿蓑衣，天晴戴笠帽，吊排地方要寻好，撑过景溪坞，闯过报福滩，前头歇夜老石坎。今朝高桥头，明朝交货梅溪上街头，搭头三日好回转。"这场景早已随着历史的车轮消逝，但万埭桥，历经沧桑，依旧耸立在云水之间。

岩落幽花下急湍——石门桥

白日阴森古木寒，野风萧瑟度林端。

涧藏小鸟鸣深翠，岩落幽花下急湍。

双阙直疑天外立，残星半向日中看。

新营此地真奇胜，谢客诗成和更难。

——明　张节《西天目石门》

石门桥俗名飞桥，位于章村镇石门坞，跨高山溪。原为章村至高山要桥，以长石纵横交错堆砌而成单孔石拱桥，建年无考，清康熙《孝丰县志》载，"飞桥，石门"，说明至晚在康熙年间已存在，长8.6米、宽3米、高6米，桥顶两侧有条石护栏，可供人坐憩。桥侧岩峰悬崖峭壁，对峙耸立，形成两扇天然石门，桥正居其中，似门坎横卧，桥下溪水潺潺，景色壮观。

拱桥建于东汉中后期，距今已有一千多年的历史。它的出现晚于梁桥，是由伸臂梁桥逐步发展而形成的。但大自然以其鬼斧神工自造的天然"拱桥"，是一种自然发生的地质现象——水的侵蚀和风化形成的自然通道由岩石通过，最终形成拱形的岩石结构，是地球上出现最早的一种"桥"。比如，贵州黎平天生桥全长256米，主拱横跨福禄江上，其跨度最大118.92米、最小98米；湖南张家界天生桥，桥宽2米、厚约50米、拱高300米；湖南沅陵高华界山下的天生桥，跨距30.1米，桥孔高16.5米，两头石墩紧贴大山岩壁，两端连接大山鞍部，坚固牢靠，桥面平坦，人行其上，安然自若；在浙江衢州有"青霞景华洞天"天生桥；四川奉节龙桥乡有天生桥；辽宁盖州熊岳镇望儿山后东侧有仙人桥；等等。

章村石门桥，横跨两峰，或为古人利用现成材料，稍作加工，自然而成，真乃"天生石门飞来桥"。如今石门桥早已不存在，在基址处，尚存残基。在石门外的河道中，还有几块2至3米长的青石条，平躺在乱石隙间。

明代诗人张节诗《西天目石门》中的"急"字、"疑"字、"向"字、"奇"字，把石门描绘得跃然纸上。石门、深润、巨岩、竹海，处处入画，可谓有美皆备。一条清澈的小溪从石门桥址处瀑漏流出，似那石门之山，还是那样清，那样美，继承了这里的秀丽，向前奔流。

千秋懿行无双美——孝子桥

至性标题孝子桥，
抱公石古依山椒。
千秋懿行无双美，
山自高兮水自遥。
——清 王显承

据浙江桥史记载，孝子桥建于明朝永乐年间；明嘉靖三十四年（1555年）《安吉州志》载孝子桥在孝丰县；清康熙《孝丰县志》载孝子桥在孝丰乡；清光绪《孝丰县志》载，孝子桥位于县东十七里孝子乡孝子庄，明朝永乐年间（1403—1424年），岁贡姚盛以孝著称，葬亲桥畔，庐焉，因名。姚盛，当时安吉州岁贡之一，明永乐十五年至二十二年（1417—1424年），安吉州共产生岁贡十名：吴泼、吴暹、方震、张昇、金朴、孙礼、庞埙、刘桢、包智、姚盛。据资料记载，姚盛是当地孝子，"葬亲桥畔结庐"，后人为了纪念这位孝子，将桥取名为孝子桥。

孝丰还有很多关于孝的故事，以孝传名，有"孝丰多出孝子，城门高三尺"的美谈，在中国二十四孝中，"郭巨埋儿天赐金""孟宗哭竹冬出笋"的典故均出自于此。在地方志中，也有诸多记载。汉有

许颐，父患恶疾，医云："人肉可疗。"颐即割股为羹；宋有于敷，
生而母死，数岁即知哀慕，求母遗物，散施已尽，唯存一扇，乃缄贮之，
每感思辄开筐流涕；齐有王文殊，父没于魏，文殊哀慕不胜，每北望
则长号，如是者三十年，蔬食山谷，终身不婚不交，永明十一年，太
守孔绣之表曰："文殊性挺五常，心符三教，以父没獯庭，抱终身之痛，
专席恒居，衔罔极之恤，服丝缟以经年，饵蔬菽以俟命，婚义灭于天情，
官序空于素抱，傥降甄异之恩，榜其闾里。"郁林诏榜门，改所居为"孝
行里"，清同治《安吉县志》载："王文殊宅，即今晓觉寺基，在晏
子乡孝行里。"唐有陈丞坚，九岁母死，哀恋墓侧不肯去，遂庐居数年，
墓前产灵芝三基，州司异之，奏庭其门。还有石昂、施迁皎、施环绕、
施琼、吴可几、严云、朱惟、张天禄、王超、姜佐昌、严长基、马士进、
李志明……

"乡国无端阻寇氛，经年消息断音闻。小人有母难归养，孝子桥
头望白云。" 1954年古石拱桥拆除，改建后遭水毁，1963年重建了
钢筋混凝土平桥，如今，位于孝子庄的孝子桥遗迹已全无，但我们相
信孝文化的精神将永久传承。

莫问龙溪水势雄——南门渡

莫问龙溪水势雄，人无病涉任西东。
一亭兀峙容听雨，双艇平夷不畏风。
晓露担囊来野客，夕阳荷钟返村翁。
问津何必泉明记？开遍桃花满径红。
——清 郎才《南门渡亭》

南门渡，"去州南二里"，安城南门外二里许，自古以来为交通要道，

"州治之南、省会通衢也"。清同治《安吉县志》载："（安城）城濒大溪，引水为濠，凿濠为池，仅通舟筏。"这里的"大溪"即指南溪及汇聚而成的西苕溪（龙溪港），龙溪两岸，有水相隔，需渡河抵岸，南门渡应势而生。

明嘉靖《安吉州志》载，南门渡（去州南二里），这是关于南门渡最早的记载，即至晚在明时，南门渡即已存在，但考虑到唐天佑四年（907年）县治即迁至马家渡西（今安城），作为县治所在地即会以此为中心开发四方的交通，故认为在唐之后南门渡即应存在。据干人俊编著的《民国安吉新志稿》记载，安吉的陆行古道以安城四门为起点，分别向四方辐射，其中，南门南行过旱桥，走双井街，过德新渡（即俗称的南门渡），过金家上，到七里亭，过铺前、紫溪渡、吉庆桥、递铺、独松关，过百丈，直达临安，这一条路是当年杭宣古道上安吉连接临安的一部分。足见南门渡是通往省会的重要渡口。这里，干人俊认为德新渡即南门渡，在地方志中，清乾隆《安吉州志》，德新渡，在州东三里；而南门渡，在州南二里，显然非同一渡口。而清同治《安吉县志》载德新渡在州南二里，似即为南门渡，是否在同治年间南门渡又改名德新渡，不得而知。暂且不论渡名如何变化，其重要地位从未变过。因此，南门渡口建设、维护也成为了历任知州、知县的重要工作。

清刘蒯植为安吉知州时，也深为龙溪水流湍急、不能建桥而苦恼。"距二里许，界隔龙溪，岸阔沙碛，山水骤涨，急流如驶不可桥"；"旧故设舟以渡，而修坏无时""（前人）建亭以憩，今亦久废，行人苦之"，种种原因，阻碍了两岸运输和行人往来，刘州官"每思一经久不敝之良策而未之得也"。乙丑秋，"太学生潘绍文偕士民二十余人，适具条议以请"，当地百姓深知刘知州"创书院于桃城，茸文阁于梅镇，曹埠建桥，郭南甃路，百废具兴"，为世人所称道，"体公意，力为任之"，体谅官员的难处，积极捐款出力，刘公看到这么多民众支持，即启动渡口建设，"经始于孟冬之月，筑基高丈余，周二亩，重建石亭其上，望之翼然，亭北为楼，楼左为平房各三楹，造巨舸二，更迭为用，俾勿坏募。"用地二亩，渡口基础约高3.4米，重新建造了石亭，亭子北面建造了三排平房，同时，打造了两艘高大的轮渡，交替使用，并"设渡夫二名，置田二十余亩，岁收其租以备修理工食之资"。经过上上下下的共同努力，于第二年，花费约千余缗，南门渡口重建工程完工，自此"劳者得以憩，止者得以宿，行者得以济，守者得以居"，南门渡口相当于一个小驿站，提供食宿、渡船和管理用房。另外，刘知州还购置二十余亩田地，以收取租金，用于渡船修理、人工工资等费用开支，使渡口运转有了资金保证。南门渡上的亭，也成了南门渡最佳的栖身之所。清李志鲁《憩亭晚眺》诗云：南渡云千岫，深溪水一篙。斜晖穿竹影，暮蔼泛松涛。坐啸怀常旷，行歌兴亦豪。从容啜佳茗，偷息片时劳。

西苕溪及其支流沿岸共有渡口几十处，南门渡只是众多渡口中的一处，从古至今发挥着巨大的作用。2003年以后，安吉县境内开始撤消渡口。2005年12月，仅剩的最后一个渡口梅溪荆湾渡口被撤消，自此全县境内的渡口全部退出人们的视野，安吉的渡口正式从人们的视野中消失，成为了历史。但我们相信以后一定会有更多"渡口"，让我们和摆渡人一起摆渡！

撞破关门山势开——独松关

撞破关门山势开，树头云起唤龙来。
擎天老盖干千丈，傲雪贞标压众材。
岁久根节坚作玉，风生岩壑响成雷。
苍颜不改浑依旧，万古相期竹与梅。

——明 凌说《独松冬秀》

一

独松关位于安吉县昌硕街道双溪口村关上自然村，是南宋都城临安（今杭州）抵御北方敌兵的重要关隘，与余杭境内的幽岭关、百丈关合称"独松三关"，三关共据竹海深处，山陡地险。清同治《安吉县志》载："独松关，宋建炎间（1127—1130 年）兵起，垒石为关，名曰独松关。"关于独松关之名来源，一说当时关旁仅有一棵松树；一说原此有品种独异的独松，现均无考。

独松关原东连前山，西接观壁山，跨独松溪而建，全长约 80 米。现存山溪以西部分，东西长 23.5 米，南北宽 12.3 米，高 6.6 米，占地面积 305.5 平方米。关墙块石垒筑，墙体内用黄泥和卵石夯筑，外包砌不规则块石。南北向瓮城式构筑，拱券式关门，南面关门有两道拱券，其中内拱高 4.1 米、外拱高 3.2 米，宽 1.8—2 米，外拱券用 6 块弧形条石并列砌筑，内拱券用 5 块弧形条石并列砌筑而成；北面关门拱高 3.2 米，宽 1.8—2.1 米，拱券用 6 块弧形条石并列砌筑而成，北关门门楣上方 0.3 米处嵌有 0.4×0.2 米的长方形匾额一，阴刻篆书"独松关"三字，涂朱色，右题一列行书"一九八三年重修"，匾额为后人取吴昌硕《独松关》图轴中"独松关"三字放大阴刻。瓮城式关洞较狭窄，平面呈长方形，南北长 7.32 米、东西宽 3 米，过道面用卵石铺就，过道两侧平置供人休憩的长方形块石多块。原有箭楼，箭楼瓮口南北长 4.75 米、东西宽 3 米，现箭楼已毁。关隘顶平整，呈长方形，东西长 22 米、南北宽 12 米，南面关门西侧紧挨墙体筑有用块石和条石砌筑而成的台阶，沿台阶可登关隘顶部。台阶宽 1—1.1 米，共十六级。

现存古驿道自独松关北 500 米处的关上自然村穿关而过，向南延伸越过独松岭至余杭百丈镇独松村，长约 1200 米、宽 1.2—2 米，其中安吉境内长约 1100 米。驿道用块石和卵石铺就。整段古驿道有两处陡坡拾级而上，其余路段依山势坡度而筑。道间存有自然条石构筑的平桥 3 座，卵石构筑的拱桥 1 座。

　　独松关是安吉境内至今遗存较少的宋代建筑，亦为浙江省现存最早、全国所存不多的宋代关隘遗存。宋室南渡定都临安（今杭州），天目山成了京城北部最后一道天然屏障，坐于独松岭上的独松关便成为南宋都城临安（今杭州）的主要关隘，为抵御金兵和元兵的侵袭发挥了重要作用。

二

　　南宋时期独松关是攸关朝廷安全的重要关隘，南宋灭亡以后独松关作为府城杭州的门户也很重要，但地位有所降低，明代设独松关巡检司，清代设独松关汛，只是作为地方武装驻防而非国家军事防御。除去两宋之交，宋末元初阶段，其他的和平、休战时期，独松关可能没有正式的长期驻军。

　　宋嘉泰《吴兴志》："独松马驿在独松岭下……邮铺五：尹家铺、郎家铺、钮家铺、独松铺、西门铺。"又"今有镇寨各一：梅溪（镇）在县东北三十里，幽岭巡检寨在县南六十里。"说明南宋时独松关附近的幽岭设有巡检寨，独松岭下设置有"马驿"，是当时的急递驿站之一，而没有正式的驻军。元代，由于资料的限制，未知是否有驻军。

　　明代早期在独松关附近有正式的驻军，清同治《安吉县志》载："明洪武年间设独松巡检司。"《吴兴府志》"永乐大典本"载，当时有"独松巡检司巡检"的官职。又《万历杭州府志》载："乃如昱岭、千秋、独松、东冠山等关，近虽不设官守，然险阨之地所系实重。"说明至迟在明万历年间，独松关已经没有官军驻守了。

　　清代在独松关设"汛"，并配有汛兵十人，同治间裁为五人，清同治《安吉县志》："＜胡府志＞防守递铺镇兼顾独松关汛……步战守兵三十八员（原注：内递铺汛步战兵三名，守兵二十五名；分守独松关守兵十名）……道光年间……递铺汛兵十九名独松关汛兵十名……同治八年复裁定……独松关兵五名。"县志还记录了独松关兵营的情况："独松关＜刘志＞汛兵房六间，雍正九年知州申梦玺建，咸丰九年奉抚宪重修，十一年毁。"兵营建筑在咸丰十一年（1861年）毁于太平天国战争后，没有重建记录。

根据《安吉县志》，对照史书分析，明设置的独松关巡检司主要职责在于市镇管理，以稽查人口、维持治安为重点。清设置的独松关汛主要为驻防巡逻，且配备的汛兵最多时也只有10名，少时则只有5名。可见，南宋以后的独松关只是地方稽查人口、驻防巡逻的官兵驻所而已。

三

独松关东西有高山幽涧，南北有狭谷相通，清光绪《孝丰县志》述："独松岭……重岗结涧……独松关雄峙其中，东南则直走临安，西北则道安吉趋广德，岭路险狭，为江、浙两境步骑角逐之交，东南有事，此必争之地。"它作为咽喉要地，在历史上留下了诸多刀光和剑影。自唐至清，独松关战事不下数十，其险要的地势，对战争的进程产生了一定的影响。

早在隋末唐初，关隘未垒之前，独松岭一带即为各路农民起义军镇守争夺之要塞。清同治《安吉县志》："＜通志＞唐武德四年李子通据余杭，杜伏威将王雄诞击之，子通以精兵守独松岭，雄诞遣别将千人，乘高据险逼之，多设疑兵，子通遁走。"如果当初李子通坚守独松岭，胜败则未可知也。

南宋建炎三年（1129年），北方女真族完颜宗弼（金兀术）为一举灭宋，统兵南下，渡长江、入两浙，偷袭独松关时，在穿过仅容一人单骑可行的独松关后，不免惊叹"谓其下曰：南朝可谓无人，若以羸兵数百守此，吾岂能飞度哉？"

南宋绍兴年间，岳飞部下余杭盛新跟随岳飞北上抗金，曾奉命守御独松关。清嘉庆《余杭县志》载："盛新……精孙吴法……南渡时，督兵江口，又奉守御独松关，未赴，金兵迫至观国山下，新驰拒之三日，金兵始退。"从这段记载中得知，盛新"又奉守御独松关，未赴"，可见他还来不及到独松关守卫，就在观国山下打败了金军。

南宋德祐元年（1275年），元右军阿剌罕自建康经广德，攻打独松关时曾与宋军进行了殊死鏖战，清同治《安吉县志》载："＜宋史＞德祐元年乙亥，元兵发建康，参政阿剌罕、四万户总管粤鲁赤将右军出四安镇趋独松关，遂破四安镇正将吴明死之，破独松关冯骥死之，张濡遁临邑。……独松关遂陷之，临安震惧。"交战过程中，宋廷急调文天祥增援，"……天祥提兵至平江，则元兵已发金陵入常州长驱至独松关，亟诏天祥弃平江，回守余杭抗捍知临安有戍。"惜文天祥率军赶到之时，独松关已是一片哀鸿。文天祥悲愤作诗云："我来属危时，朝野色枯槁。倚君金华省，不载相逢早。"

元至正十二年（1352年），红巾起义军徐寿辉部攻破昱岭关，元军发起反扑，自双溪口北上，元将董抟霄与起义军在独松三关激战。《元史》载："……抟霄进平杭城，七战复杭州……贼复自昱岭关寇於潜，抟霄提兵讨之，复千秋关。贼复攻独松、百丈、幽岭三关，抟霄又分为三军，一出独松，一出百丈，一出幽岭，然后会兵捣贼巢，遂乘势复安吉。"董抟霄以兵先守双溪，既而兵分三路，分别攻打独松、百丈、幽岭三关，起义军败。

清咸丰十年（1860年），李秀成为解天京（今南京）之围，出奇兵自皖南入浙攻杭州，亲率太平军攻独松关，与清军恶战数日，大败清军占关越岭，直下杭嘉湖平原。抗日战争时期，抗日军队在独松岭上也曾与日军交战，"古道漫漫独松岭，金元悍将难生还。抗日枪声响峻岭，击死日寇埋深山。"

除以上历史人物曾到过独松关及古驿道，为其增添了许多人文色彩外，文学巨著《水浒传》中也有对独松关及古驿道的描述。"卢先锋自从去取独松关，那关两边，都是高山，只中间一条路。山上盖着关所，关边有一株大树，可高数十丈，望得诸处皆见。下面尽是丛丛杂杂松树……收入得董平、张青、周通三人尸骸，葬于关上。"

"险关之要，守之则有万夫莫克之利，失之则有全军覆没之危。"历经朝代兴亡，物是人非，独松关已失去其险要的地理位置和军事上的雄关气势，但古风犹存，景色秀丽，已成为后人凭吊叙怀和旅游观光的场所。

四

关隘是古代战争的产物，古今军事家选择战场，无不重视关隘的险峻，天目山脉崇山峻岭，自南分别向西、东延伸，群峰山峦中筑有多处重要关隘。据《宋书》记载，天目山脉西支一线有孔夫关、千秋关、虎岭关、铁岭关、金鸡关等，东支一线有幽岭关、大路关、独松关、高坞关、铜关等，今多数已坍毁。

"巍峨如插汉，攀援独无门。"连绵的天目山脉，逶迤的崇山峻岭，安吉是天然的屏障。东、西、南三面皆山，北面豁口通向太湖，安吉为兵家必争、商贾往来之要，"安吉之于浙也，犹头目之不可不卫也。"

【相关遗存】

名称	年代	地址	构成
坑岭古道	宋	递铺街道南北庄村铜关至坑岭的强盗湾山体中	
铜岭古道	宋	递铺街道南北庄村铜关至铜岭大鸡山东北侧山体中	
百步栈古道	宋	昌硕街道双溪口村关上自然村至芽山顶的山体中	古道1条、石拱桥1座、石梁桥1座
田亩岭古道	清	昌硕街道高坞岭村北庄边自然村至田亩岭的山体中	古道1条、碑刻1通
独松关古驿道	东周	昌硕街道双溪口村关上自然村独松关至独松岭的山体上	
半岭古道	宋	昌硕街道三友社区石马村下村自然村至张家岭自然村大小岭的山体上	古道1条、古桥6座、关隘1座
大小岭古道	明	昌硕街道三友社区石马村东南3公里大大小岭山体上	
桃花岗古道	清	灵峰街道碧门村王家坞自然村至桃花岗的山体上	
高坞岭大岭古道	宋至清	昌硕街道高坞岭村蒋家村自然村至石马村张家岭自然村的山体上	
禹山坞小岭古道	宋至清	昌硕街道高坞岭村蒋家村自然村至禹山坞村小岭山体上	
里蛟河古道	清	昌硕街道高坞岭村里蛟河自然村至白石坞自然村岭头的山体上	古道1条、古桥2座
金鸡岭古道	宋	鄣吴镇上堡村上堡自然村金鸡岭山体上	古道1条、路碑1通
五里路古道	清	山川乡九亩村九亩田自然村至船村的山体上	古道1条、古桥2座
桃花岭古道	清	山川乡九亩村九亩田自然村至临安县高虹镇大山村桃花坞的山体上	
百步岭古道	清	山川乡船村村水淋坑自然村东南的山体上	
九曲岭古道	清	山川乡大里村秋田坞自然村至续目自然村的山体上	古道1条、古桥2座
章里古道	清	章村镇章里村里章自然村至高二村的山体上	
六墩山古道	清	梅溪镇姚坽村姚坽自然村南侧六墩上山体上	
河坂古道	清	章村镇河坂村河坂自然村东北方车岭	
水家里古道	清	章村镇高山村水家里至上横坞的山体上	南北走向古道1条、单孔石拱桥1座
罗岭头古道	清	梅溪镇三山村墙门里自然村至上舍村下半里自然村罗岭头山体上	
马鞍岭古道	宋	梅溪镇三山村何家边自然村西南马鞍岭山体上	
西子岭古道	清	梅溪镇上舍村田干里自然村西南的西子岭山体上	南北走向古道1条、石梁桥1座
上舍大岭古道	清	梅溪镇上舍村大岭脚自然村大岭山体上	东西走向古道1条、石拱桥1座

诸岭古道	清	梅溪镇长林垓村姚良自然村良村自然村渚岭山体上	南北走向古道1条、界石1通
昆山路	清	梅溪镇长林垓村大路口自然村大路口自然村西北的丘陵坡地中	东西走向古道1条、水泥梁桥1座
俞家舍古道	清	梅溪镇铜山村张家山自然村张家山自然村至俞家舍自然村的直坞坑山体上	南北走向古道1条
庙思岭古道	清	梅溪镇钱坑桥村庙思岭自然村西庙思岭的山体上	
苍蒲上古道	清	梅溪镇梓枋村苍蒲上、大山岙的山体上	
龙华寺古道	清	梅溪镇路西村南楼坞自然村地堂山山体上	东西走向古道1条、单孔石拱桥2座
三山古道	清	梅溪镇三山村何家边自然村至三山头的山体上	
武雀岭古道	清	上墅乡刘家塘村南狮子石水库至武雀岭的山体中	
欢喜岭古道	清	上墅乡龙王村东坞村石塔底自然村欢喜岭脚至桃树岭的欢喜岭山体中	
东坞大岭古道	清	上墅乡龙王村东坞大岭脚自然村至观音堂自然村的大岭山体中	
土洞古道	清	章村镇长潭村凉亭自然村土洞至双举塘水库的山体上	
白马岭古道	清	山川乡九亩村阴山面自然村南部与临安县交界处白马岭的山体上	
蛇皮岭古道	清	山川乡高家塘村仙龙湖水库至大里村大里自然村老凉亭的山体上	
甘岭古道	清	山川乡大里村大里畈自然村至牛城坞自然村的山体上	
杨施岭古道	清	山川乡山川村上白兰自然村至五岳村清吏自然村的杨施岭山体上	
狮岭古道	明	孝丰镇溪南村冷水坊至上墅罗村的山体和农田中	东西走向古道1条、石拱桥1座
回峰岭古道	清康熙三十七	上墅乡龙王村东坞村石塔底自然村南回峰岭山体上	南北走向古道1条、石刻1处
赤山石拱桥	清	递铺街道赤芝村赤山自然村赤山自然村西南端	单孔石拱桥
大坞角一号石拱桥	清	递铺街道南北庄村大坞角自然村	单孔石拱桥
大坞角二号石拱桥	清	递铺街道南北庄村东4.5公里的大坞角自然村内的西北部	单孔石拱桥
大坞角3号石拱桥	清	递铺街道南北庄村东4.5公里的大坞角自然村	单孔石拱桥
大坞角四号石拱桥	清	递铺街道南北庄村东4.5公里的大坞角自然村	单孔石拱桥
干山坞石拱桥	清	递铺街道鲁家村北2.5公里的干山坞自然村	单孔石拱桥
蛮石桥	明	递铺街道银湾村蛮石桥自然村西	单孔石拱桥
下坝桥	明	递铺街道老庄村新庄自然村	三孔石梁桥

太岁桥	清	递铺街道三官村纸厂自然村	三孔石梁桥
塔里石拱桥	清	昌硕街道双一村塔里自然村	单孔石拱桥
高坞岭横桥	明	昌硕街道高坞岭村	单孔石拱桥
青母基石拱桥	清	昌硕街道三友社区石马村上村自然村	单孔石拱桥
桃树滩石拱桥	清	昌硕街道三友社区石马村桃树滩近山边	单孔石拱桥
翁子桥	清	递铺街道三官村马鞍山自然村	单孔石拱桥
关帝庙石拱桥	清	灵峰街道碧门村碧门自然村关帝庙	单孔石拱桥
安城北川桥	清咸丰三年	递铺街道安城村安城北门外护城河上	石梁桥
白石坞石拱桥	清	昌硕街道高坞岭村白石坞自然村	单孔石拱桥
杨家桥	清	天子湖镇南店村杨家桥自然村	三孔石梁桥
上舍桥	清光绪丁酉年	天子湖镇南店村东大自然村	单孔石拱桥
谢公桥	清	天子湖镇吟诗村大桥自然村沙河上	单孔石拱桥
永安桥	明至清	鄣吴镇上吴村永安自然村	单孔石拱桥
登云桥	清	鄣吴镇上堡村大瓜岭自然村	梁桥1座、碑1通
外洞桥	清	山川乡马家弄村马家弄自然村	单孔石拱桥
章里平桥	清	章村镇章里村中章自然村	单孔石梁桥
章里矴步桥	清	章村镇章里村里章自然村	矴步桥
里木坑石拱桥	清	章村镇章里村里木自然村	单孔石拱桥
安城汪婆桥	明	递铺街道安城村安城西城门外护城河上	单孔石拱桥
水村1号石拱桥	清	章村镇长潭村水村	单孔石拱桥
水村双桥	清	章村镇长潭村水村自然村	单孔石拱桥
三亩丘平桥	清	章村镇浮塘村里浮塘自然村	石梁桥
上吴仙人桥	清	鄣吴镇上吴村牛华山自然村	石梁桥
梅坑桥	清	递铺街道城南社区梅坑桥自然村	单孔石拱桥
报恩桥	清	孝丰镇老石坎村后村	单孔石拱桥
佛堂桥	清	孝丰镇横柏村鹤翔坞自然村	单孔石拱桥
翁家桥	清	梅溪镇管城村翁家桥自然村	单孔石拱桥
下朱家一号桥	清	梅溪镇上舍村下朱家自然村	单孔石拱桥
汤家桥	清	梅溪镇上舍村田垓里自然村南汤家桥	单孔石拱桥
章家溪桥	清	梅溪镇上舍村章家溪自然村	单孔石拱桥
上朱家桥	清	梅溪镇上舍村下上朱家自然村	单孔石拱桥

下朱家二号桥1	清	梅溪镇上舍村下朱家自然村	双孔石梁桥
良村石拱桥	清	梅溪镇长林垓村姚良自然村良村自然村	单孔石拱桥
毛徐石拱桥	清	梅溪镇干溪桥村毛徐自然村	单孔石拱桥
潺水岭石拱桥	清	梅溪镇铜山村隐将自然村潺水岭脚	单孔石拱桥
隐将石拱桥	清	梅溪镇铜山村隐将自然村	单孔石拱桥
锁龙桥	清	梅溪镇铜山村隐将自然村俞坞里自然村	单孔石拱桥
张家山石拱桥	清	梅溪镇铜山村张家山自然村张家山自然村	单孔石拱桥
石门石拱桥	清	梅溪镇铜山村隐将自然村石门自然村	单孔石拱桥
钱家桥	清	梅溪镇梓枋村上村钱家桥	单孔石拱桥
坝下桥	清	梅溪镇路西村南楼坞自然村	单孔石拱桥
烧火桥	清	梅溪镇路西村南楼坞自然村	单孔石拱桥
莫家上桥	清	梅溪镇路西村莫家上自然村1号房屋前	单孔石拱桥
蒲萝坞桥	清	梅溪镇路西村蒲萝坞自然村	单孔石拱桥
王家园平桥	清	梅溪镇独山头村梁家塘自然村王家园	单孔平桥
山溪桥	清	天子湖镇良村村青山坞自然村	单孔石拱桥
岙桥头石拱桥	清	上墅乡罗村村庙岭上自然村东南农田中	单孔石拱桥
杭坑石梁桥	清	杭垓镇缦舍村杭坑自然村北500米	石梁桥
管济桥	清	杭垓镇七管村七管自然村南200米	单孔石拱桥
七管龙王桥	清	杭垓镇七管村龙王桥自然村南侧100米	石梁桥
塔里山石梁桥	清	杭垓镇大坑村塔里山自然村南侧	石梁桥
六井口桥	清	杭垓镇大坑村陈村自然村西侧150米	单孔石拱桥
长坑1号桥	清	杭垓镇和村村长坑自然村西北约20米	单孔石拱桥
长坑二号桥	清	杭垓镇和村村长坑自然村青石庵	单孔石拱桥
松坑石拱桥	清	杭垓镇松坑村桐桥自然村南300米	单孔石拱桥
长丰桥	清	杭垓镇吴村村高桥自然村东北200米	单孔石拱桥
大黄头坞桥	清	杭垓镇吴村村吴村自然村大黄豆坞口	单孔石拱桥
顾村一号石拱桥	清	杭垓镇高村村顾村自然村西南500米	单孔石拱桥
顾村二号石拱桥	清	杭垓镇高村村顾村自然村柳树窠	单孔石拱桥
西坑口石拱桥	清	杭垓镇尚梅村西坑口自然村村	单孔石拱桥

尚梅永安桥	清	杭垓镇尚梅村曹家边自然村	单孔石拱桥
尚梅双桥	清	杭垓镇尚梅村尚梅自然村	单孔石拱桥
六角湾石梁桥	清	杭垓镇桐坑村大河自然村六角湾	石梁桥
石壁石拱桥	清	杭垓镇文岱村石壁自然村	单孔石拱桥
杭河石梁桥	清	杭垓镇杭河村杭河自然村	石梁桥
董家桥	清	杭垓镇磻溪村下兴旺自然村	单孔石拱桥
磻溪矴步桥	清	杭垓镇磻溪村银场自然村	矴步桥
菖莆桥	清	杭垓镇桐坑村刘家自然村	单孔石拱桥
赵脚坞桥	清	孝源街道皈山场村老村里自然村	单孔石拱桥
梅村边石拱桥	清	孝源街道皈山场村梅村边自然村	单孔石拱桥
童村石梁桥	清	溪龙乡徐村湾村童村自然村	双孔石梁桥
赵家东大桥	清	溪龙乡溪龙村赵家自然村	双孔石梁桥
赵家西大桥	清	溪龙乡溪龙村西赵家自然村	单孔石梁桥
李王桥	清康熙壬申年	递铺街道安城村李王桥自然村	单孔石拱桥
西坑溪桥	清	递铺街道安城村	双孔石梁桥
铜板桥	清	递铺街道古城村铜板桥自然村	单孔石梁桥
垅坝拦桥	清	递铺街道垅坝村垅坝自然村	单孔石拱桥
蚌壳桥	清	递铺街道兰田村祥和自然村	三孔石梁桥
司马桥	清	递铺街道马家村马家自然村	双孔石梁桥
双庙桥	清	杭垓镇文岱村双庙自然村	单孔石梁桥
黄道湾石拱桥	清	天荒坪镇西鹤村黄道湾自然村	单孔石拱桥
观音堂石拱桥	清	天荒坪镇西鹤村鹤岭脚自然村	单孔石拱桥
小庙边石拱桥	清	天荒坪镇五鹤村五云自然村	单孔石拱桥
小关石梁桥	清	天荒坪镇港口村东坞里自然村	单孔石梁桥
喻家坞石拱桥	清	天荒坪镇港口村喻家坞自然村	单孔石拱桥
重建东管桥	清	梅溪镇荆湾村	三孔石梁桥
下平堂石拱桥	清	报福镇中张村下平堂自然村	单孔石拱桥
王家石梁桥	清	报福镇统里村观音堂自然村	单孔石梁桥
凤仪桥	清道光二十八年	章村镇郎村村下郎自然村	单孔石拱桥

马家当石拱桥	清	章村镇长潭村马家当自然村	单孔石拱桥
水村石拱桥	清	章村镇长潭村水村自然村	单孔石拱桥
五贵岭石拱桥	清	章村镇河垓村五贵岭自然村	单孔石拱桥
三庆桥	清乾隆年间	山川乡船村村水淋坑自然村	单孔石拱桥
石坑口太公桥	清	孝丰镇赋石村石坑口自然村	单孔石拱桥
赋石石拱桥	清	孝丰镇赋石村	单孔石拱桥
镇安桥	明万历二十九	孝丰镇城东社区（村）下东山自然村	双孔石梁桥
映月桥	清	梅溪镇板桥村中心湾自然村	单孔石梁桥
虞埠桥	清	梅溪镇板桥村	单孔石梁桥
晓墅平桥	清	梅溪镇晓墅村	单孔石梁桥
北塘头长安桥	清	梅溪镇小溪口村北塘头自然村	三孔石梁桥
同界桥	清	梅溪镇小溪口村西庄自然村	三孔石梁桥
长安桥	清	梅溪镇小溪口村小溪口街与长兴县交界处	单孔石拱桥
大伦桥	清道光十七年	梅溪镇小溪口村前庄自然村	三孔石梁桥
油车埠二号桥	清	梅溪镇章湾村油车埠自然村	单孔石拱桥
大石桥	清	梅溪镇章湾村石塘自然村	单孔石梁桥
石龙长安桥	清	梅溪镇石龙村桃园自然村	单孔石梁桥
迎仙桥	明	梅溪镇红庙村红庙自然村	单孔石拱桥
新坝桥	清	梅溪镇红庙村苏界自然村	单孔石梁桥
转门桥	清	梅溪镇马村村河湾自然村	单孔石拱桥
焦公庙桥	清	梅溪镇马村村焦公庙自然村	单孔石梁桥
浮塘桥	清	梅溪镇马村村平桥自然村	七孔石梁桥
万埭桥	清乾隆二十六年	梅溪镇马村村	单孔石拱桥
乐平亭	清光绪乙未年	梅溪镇独山头村乐平寺自然村	
独松关	宋	昌硕街道双溪口村关上自然村	
高坞关	宋	昌硕街道三友社区石马村上村自然村	
铁岭关	唐末	杭垓镇杭河村	

第四章 古代交通文化

安吉文化底蕴深厚，数千年来，生活在安吉的古先民在改造自然的过程中，创造了丰富多彩的交通文化，包括碑记、文赋诗词、歌谣、楹联等。它们见证了中华文明发展的历史进程，蕴含着安吉人特有的价值观和文化意识，是安吉文化的重要组成部分。

第一节 碑记

重建南门渡碑记碑文（清 刘蓟植）

州治之南、省会通衢也。距二里许，界隔龙溪，岸阔沙碛，山水骤涨，急流如驶不可桥。旧故设舟以渡，而修坏无时。前明吴氏瑞，建亭以憩，今亦久废，行人苦之。余每思一经久不敝之良策而未之得也。乙丑秋，太学生潘绍文偕士民二十余人，适具条议以请，且曰：我公下车以来，创书院于桃城，葺文阁于梅镇，曹埠建桥，鄣南甃路，百废具兴，心力瘁矣。此役也，我士民其仰体公意，力为任之。余阅条议周详，可垂永久，因加奖许，经始于孟冬之月，筑基高丈余，周二亩，重建石亭其上，望之翼然，亭北为楼，楼左为平房各三楹，造巨舸二，更迭为用，俾勿坏募。设渡夫二名，置田二十余亩，岁收其租以备修理工食之资，越明年，事具竣，费约千余缗，匹自今劳者得以憩，止者得以宿，行者得以济，守者得以居，余甚幸斯举之有成，而董事诸君仔肩、菅度、捐资，士庶勇跃争先，功诚伟矣哉。夫道路弗除，桥梁不治，守土者责也，兹何幸倡始有人，董理有人，好义有人，洵足觇我——国家之深仁厚泽，涵濡百年，而斯土之人心、风俗尤为近古，余得藉手贤劳，庶无罪悔也。爰撮其本末书于石，并列产亩、条规志盛也，且以垂远也。

（清乾隆《安吉州志》卷十四）

重建泥桥碑记（清 陆玉书）

安吉城之西南里许，有亘溪焉。源发天目支分，姚河直灌而下，故其势漂激，里人编竹覆土横架其上，名曰泥桥。

乾隆初年，徐君仁之，因泥桥随筑随倾，难以永久，慨然独建石桥，令子郁文，身亲督造，载在州志，至今犹称道勿衰。嘉庆二年夏，遭大水冲圮，其曾孙洲，锐意重建，出为劝捐，功将兴矣，而石工侵资枭脱，洲又物故，十余年来，桥仍不石而泥焉。访是桥为安吉西南要道，自丁家岸倾废以后，孝丰行旅往来亦必由此，二邑人民远挑重负而过者，日相接踵也。每逢雨雪，危险尤甚，是利济不可以不桥而久安亦不可以不石也。去春，有邑善姚宪章、黄启昌等，首创其事，并纠乡城之好施者，同建石桥，恢宏前制，复加高阔，功不数月而成。佥以旧名不称，呈请改正，夫泥桥之易而为后也。徐氏创善于始，诸人继善于终，其志从同，同归于善，因即以同善命名也，后之人果能顾名思义，岁时修葺，则善可相承于勿替，而桥亦永庆其长新。

大同之世，王道荡平，岂非守土者之幸欤？爰书董事及捐输者姓氏，勒石以垂不朽，并缕述巅末而记之。

（清同治《安吉县志》卷十五）

重建漕埠桥碑记（清 刘蓟植）

按州四境之水，皆自西南来，发源于天目广苕诸山，东北一折襟带州治之左曰龙溪，其右由锡圩迤逦入州西北乡曰里溪。里溪者，以龙溪为外而名之也。距治北十五里，东折而汇于龙溪，有渡曰漕埠。余初莅任时，经其地，自辰至日中乃济，余因虞斯渡之大，为行人病也。考之志，州之官渡凡十，而漕埠不兴，土人告余曰：旧故有桥废，且数十年，功大费巨，无复兴修之者，时太守梁公，目击情形，恻然动念，数以建桥为余言，顾余甫下车，未信劳民，窃用为戒，越明年，乃集士民公议，相与量度形势，鸠工饬材，余首捐俸以倡，广募乐输，更请以赎刑之金足之，经始于壬戌年三月告成，于癸亥年二月，约费千有余缗，余周行桥上，见其穹窿蜿蜒，顾而乐之。诸父老咸以手加额，颂余之功。嗟乎！余何功之有，方经营伊始，余深惧土瘠民贫，弗克计日竣事，幸时和岁丰，士民欢跃，余得藉手观成。以上答太守谆谆之意，倘亦有数存乎其间耶！夫天时人事剥极而复，大抵如斯，斯亦适逢其会耳！余何功之有，惟是当雨水之冲，奔流激湍，或有蚀齧堤趾，为桥患者，防微杜渐，保护巩固，是不能无望于后。爰叙其始末而为之记。是役也，董事者邵生锡蕃、吴生百焕、徐生国梁、实职其劳，督理则州判雷濯、吏月赵宏基也。例并书。

（清同治《安吉县志》卷十五）

北川桥碑铭 （明 伍馀福）

浙水自天目下，为广苕，波虢沮洳；历陈安七渡始抵沿干，为桃城，即今职方氏号安吉州者是也。州匝万山，独一川北折而东。或秋雨大至，城居者每悬鱼鳖忧。深不可渡，故桥焉，横亘北川出上。岁久则坯,坯则"来之坎坎,险且枕",有能概然起废而勇于义者,君子予之。
南山吴封君,州人也,其惟先蔽志割利为义,属命于石工。始以壬辰
秋八月起事,财不敛官,力不劳民,越半载,厥工告成。时予谪宦来,
得见其举,以为世固有仗义如封君者乎?方欲碑其事合郡父老相率置
石以之请。予叹曰:"且符吾志者也。振衰修坠,吾有司不能举其职,
得封君成之,如波斯及是,故有余泽焉。"按浙西水利单锷论之,首
以天目一派为宗,源远流长,盈科则行;行至雪川,则四水激射之荡
为苕溪;出震泽,归崇明,靡有底极。其扶危拯溺之功盖自桃城始,
可无书乎哉?书之者,《春秋》例也。封君名松,字寿卿。白首承恩,
青山储志,天之属意厥允者,亦若天目有源,出水涓涓尔、浩浩尔,
其谁能御之?铭曰:

　　十二龙渊,鸿发于天。有源有委,海纳百川。中道门折,嶙岣嶻业,
万壑一溪,横流阻绝。曷顺其东,或会或同。驾梁以石,函白黄中。
虹势凌虚,鹊文通汉。揭浅历深,功济其半。矫矫封君,鹤迥鸡群。
义声仁泽,何往弗闻?古有王政,谨时重力。天人胥交,道以拯溺。
载书勒石,巉彼云亭。泽及百世,光于桃城。

(清康熙《安吉州志》卷十)

重建浮塘桥碑记（清 刘蓟植）

　　州之东北,泽所汇流者也。其自迎春、拱辰门而外,绕城而西者,
支分派别,悉会归于紫梅溪,遇山水陡发,汪洋澎湃,非有津梁,曷
由利济,故自下而上,北川桥为孝邑九乡之咽喉,因流溯源,万壑桥
为长邑三区之关键,而更有绵亘于挑战、邸阁之间,为北川、万壑之
腰腹者,曰浮塘桥。考之州乘,桥柱石为舟触而折,叨叨神佑,合不
失寸,故复有并全之名。今上之辛酉,余以简命来莅兹土,遇有废缺,

阅敢膜视，因于公车往来之际，憩息邮亭，低徊桥畔，见版石之败裂者，梁木之朽蠹者，辄思补葺而修举之。岁甲子，会邑生马士进、大学生马杰，毅然以重修为己任，鸠工庀材，约费钱十有余万，不数月而危者安，险者夷，以视昔之倡修于康熙癸巳，讫工乙未，费省而功倍矣。虽然，不有作者谁开其始，不有述者谁继其后，前此，郡庠生、马承祖，首承燕山袁大夫之命而为之，经理历三年而告成。今二生善继前人之志，修者继修，举者继举，譬厥父肯堂，厥子肯构，川梁奠定，机皇无虞，两世辛勤，百年永赖，是诚障川砥柱之巨功，不可以不志者也。余故乐为之书。

（清同治《安吉县志》卷十五）

重修城南石道碑记（清 郎葆辰）

乾隆丙寅岁之夏六月，州主刘念劬先生奉大吏檄，谆谆以修理道路为谕。维时，城南渡口至递铺镇二十余里，每当山水冲决，雨雪弥漫，往来行人及背负肩挑者裹足不前，视为畏途久矣。各乡士民早有捐修之意，加以州主之董劝而输，愈踊跃矣。凡酿金者、庀材者、鸠工者，无不实心实力，阅数月而蒇事。我祖桂园公实总其成，其事皆备载于《征信录》。厥后，历年久远，我乡诸父老非不随倾圮、随补葺，然沙飞石泐，往往残缺不全，非复前日之坦途，不问可知已。今年秋，得余弟金昆寄黔书，知"吾乡之复议修城南石道三千余丈，俾平坦如故道。许邑侯又优加奖励，同人更好善乐输，今冬可告竣"，余闻之喜甚。窃叹吾乡风俗人心之厚，即以见贤邑侯诱掖奖劝之诚也。《诗》云："嗟尔君子，无恒安处。靖共尔位，正直是与。"邑侯有焉；《诗》云："周道如砥，其直如矢。君子所履，小人所视。"诸君子有焉。惜余于七千余里外为职守羁，不获随诸君子后脱靴袜、荷畚锸，汲汲从事于水田沙岸间，心滋愧也。然不能亲身为之，赖有诸君子之一视同仁，为善最乐之心皆从性情中流出，以成此盛举。吾乡真仁里哉！因欣然援笔而纪其事。

（清同治《安吉县志》卷十五）

重修城南石道记（清 许丽京）

安吉为湖州中县，其俗贵厚而黜薄，无歌口嬉游之习，富者好善乐施，稍有力者亦乐于趋公襄事；非独天性淳朴，亦缙绅先生倡议劝化之所致也。余初筮仕于兹土时，因公经涉四境，山环水抱，皆明秀可喜。而南乡之形势尤奇：天目峨峨，苕溪汤汤，竹木荈列，田原鳞比，盎然丰盈之气，如展图画。足以备观眺、适钓游也。惟今任贵州粮储观察署理提刑郎公苏门先生，实居是乡焉。先生以翰苑历台省监督黔中，宦游于外者日久。凡先世之所经营、乡里之所属赖者，固未暇及。其介弟文生、金昆同南乡诸君子，周旋闾井，克绍家世，仁厚之风，时以排难解纷、扶危济困为务。岁己丑，因城南渡口至递铺之二十里向有石道，大半残缺倾圮，不利于行，慨焉！议修三千余丈，平坦如故。邮函请记于苏门观察。记成，寄示诸君，以宰斯土者能奖励同人也。诸君又属予为记。呜呼！予以尺短寸长之材承乏斯邑，催科抚字，竭蹶未遑。下车以来，未尝兴一利、除一弊；且岁值雨泽愆期，收成歉薄，益不敢以力役重烦吾民。故于农田、水道有关于工程派捐者，皆有志而未逮也。今诸君子同心协力，平治道路，乃以其事归美于予，予何力之有而能无愧欤？虽然，事固未可一概论也。尝见为有司者，每借创建修筑为名，因公苛派，或倡焉而不应，或应焉而不举，或举矣而弥缝补苴，草率藏事，究非民心所乐从者。若石道之修，诸君子实董理之而成。厥功即有合乎民心之所乐为，即有合乎予心之所欲为。

此固乡邻风俗之厚、乐善好施之诚，而荐绅先生倡议劝化之所致也。宰斯邑者，亦可以由愧而生幸矣。是为记。

（清同治《安吉县志》卷十五）

改建星岭道路碑记（清 李志鲁）

安吉正南曰凤亭乡，村落颇多，而戴村与李村为最著。李村接壤余杭，其路直达省会，与戴村相距三里许。自戴阳泉而进，有岭一道，虽不高，而自麓至岭，幽篁夹道，石级凌层。每当雨雪之辰，不惟肩挑步担者艰于跋履，即徒行者亦虑其窄步。犹忆余少时，与邻村为文社之会，往来必经。先兄寅山有云："李、戴两村，地望相等，而劳逸悬殊者，则此岭为梗耳。若力能铲去，岂非快事？"余时心识之而未忘也。癸卯之夏，余予告旋里，每经此地，舆人甚苦其劳。而溪山逼窄，思所以改之而未果。余子宗琬亲履山径，经营相度，谓可以改而行也。欣然独任其事，劝捐朱姓竹山，而量给其值。其迤南数十丈，而朱姓所乐助也。惟是山势陡峭，下临深潭，艰于措手。而山上巨石林立，爰雇石工，用百夫之力异移下潭，层层填砌，约一丈有奇。其上甃以块石，如砥斯平，虽遇洪水，可无冲决之患。行者咸颂康庄焉。是役也，经始于甲辰之春，五阅月而告竣。计工费二百余金，而人皆称其便。程子有云："匹夫苟存心，利物于人，必有所济。"余虽退居林下，不与世事，而区区利物之心，未尝一去诸怀也。是为记。

（清同治《安吉县志》卷十五）

万埭桥碑碑文（清 郭瀛）

州郭北至此三十□□名混泥港，水黄而赤，由玉华金凤九龙诸山西折而来，去半里曰梅溪，汇会合流色治犀分，故称鸳鸯河九行旅往来远自江南江北及□地宁绍杭嘉湖下近自长□，丰县九乡皆所必经，固不独为州境之要津。前明□渡以济，嘉靖时，指挥南京□宦马守仁创石平桥于殷山之阳，号万埭，因名马□。国朝初年倾圮，复设渡，燕山曹公莅治，见夫待济者如堵扼腕兴叹澄闻寺僧六门呈请募建，环桥移址于苏岭之西□。迨康熙四十年间，复圮，孝丰署安吉州方公蒋安孝各募捐一千二百□与工缔造，盖闻数□其手，越七年而始成。乾隆己卯春，而桥又圮矣，余正理湖州府事谕，目萧士虎先架木为梁，迄小阳捐俸以倡士庶踊跃相继分簿劝谕，庚辰夏□料动工，马君观风运筹支给公尔忘私持一衡厥事莫大桐王养基□昊末时乘庞安僧惠英等共劝乃绩既荷丰年赐履又往之石泊安溪镇水涸难运忽□溢径至桥畔，众口称有神助，期年工竣，费约二千金，皇伟壮丽，势逼长虹，冠盖□骑肩摩踵接，皆赖利济抑且洞门宏厂，群川□委，桥西沿岸圩田亦多利益此比诸士庶好善乐助董事者实心经理之有方，此桥成更名曰郭公。夫古来名公巨□驱车所至率多创建以为苍生利一时重其人爱其德爱表其姓氏以志，勿宣如苏公堤、申公浦是也，余何敢拟因并序缘始形胜，以为记。

龙飞大清乾隆二十六年岁次辛巳捌月上浣　穀旦

奉直大夫知湖州府安吉州事护理湖州府正堂署控制江浙清军盐驿分府郭瀛立

（该碑位于梅溪镇马村村万埭桥桥西）

长丰桥碑文

·········

高明圣，□□□，计□□□

姚心传，字秉中，计□□□

陈万全，字士俻，计□□□

潘□□，字景乔，计一段丝

以上银两匠资木料油灰各村会……

天鉴佛语云捐金造桥者得种福德……

各村诸位协办董首芳徽列后：

天井村：金□成，名应玉；金凤鸣，名应□

昌蒲村：潘以介，名贤福；潘贤德，字□□

高村：高项发，名友夋；高炳文，名鼎南

殿子村：俞□田，名文□；俞良渊，□□□；姚仲洋，□□□；

姚肇定，□□□；潘尚意，字圣元；潘贤士，字谔廷

南车村：陈□采，□□□；陈正诠，字显章；

上岩村：陈晋山，名瑞泰；陈汉先，名正元；

下岩村：陈南山，名万考；陈正祥，字明达；

徒村：涂文辉，名肇光；范义先，名绍勇；

横山村：吴天□，名日文；管玉斯，名华美；

郎儒村：万显修，名□漠；潘俊儒，名美彦；

□□村：吴君赞，□□□；吴明瑶，□□□

······

□□□□四年岁次已酉清和吉日

（该碑原立于杭坞镇吴村村入口处的长丰桥头，村委会为抢救保

护后将其移至办公楼中）

紫溪渡碑碑文

……儒尝言：有志者□□□□欲□其下者，非先立其志不可也。虽然志弥高而无财力以助之，则不能为其事；财虽大而无志趣以副之，则又不能竣其……则志也，财也，□并行而不得其□。曰：不然，而其财□，志在所先，而财在所后耳。

今顺安紫溪堡□，邹氏聚族居也，数椽环抱其村。此中有大溪焉，源发……流入吴兴。其自孝邑直流安吉者，名曰紫溪。溪中□□□，向系截竹为筏，以济行人。事出捐派，办理维艰。

乾隆年间，紫溪邹村清枋先生等所以……为之捐助田地，收其息以作管渡备筏之资，而□事□□□焉。嗣后，嘉庆年间，本村有其贤者慨焉兴事，遂与宏球、世□、其禄诸公暨丹□、昌言共……亦与焉。于本族中劝捐缘疏，增置田亩，得有余资，随给□司工食，楫济往来，过者始无虞焉。然而岁收□欠，费用不支，□患无存银可为备船造……事，终非久计。延至道光壬辰，幸得三公同其□、其禄、其荣等以渡事为念。遂为之拓基辟地，□金建□、助田造船。倡声□先，而作求愿与其从……久远，规模是同。各首事：世海、显延、宏汉、其范、昌言等共为酌议章程，力理其事。不数月间，捐助渡田，又劝捐□钱置产，办船添□，则□并前度……共有渡田贰拾余亩。而斯举于是乎告竣矣。佥曰宜记之以垂永久。

余因询厥首事，同推清枋公主；继其事以图厥终者，则推其禄、其贤为……。厥成者，则又作求与诸首事之力居多，而世海□其事□□弥年，尤□□民，盖图终更难□□。始亦有志而后能有成也。今其渡，日夜行人……尤诸君子之志相与竟成者欤！□故曰"志在先而财在后"焉。□当勒石，其禄、作求与诸首事问序于余，因述其始终本末而记之，以俟后……

……秋之吉。容池邹宗□撰书

邹仁法柒仟文邹其范贰仟文邹宏汉壹仟文

陈应□助钱伍仟文王季民肆仟文李元举伍仟文

李国豪□仟文李国富伍两正李国瑞伍两正

□大成伍两正万夫明□□文钱同春叁仟文

郭□兴叁仟文方明□贰仟伍佰文邹宗□柒佰文

邹□□叁仟文邹成□□□□陈天□□□□

邹明□贰仟文邹世海壹仟文邹可□助钱伍钱正

邹其业伍钱正邹昌隆壹仟贰佰文邹世泰伍钱正

……

董事邹宏汉、其范、其泰、昌言、宗镐、显廷、昌□立

（该碑位于递铺街道紫溪渡自然村）

里故桥碑碑文

城北二十里许，亭图梅村庄，向有彩虹桥。虽在山陬，实四通八达之要津。南通安庆府，北达广德州。□吴也，则在东方；四安也，则归西向。悠悠者，马执策而沓来；轧轧者，车授绥而踵至。即有问客之津，初无病涉之人。建斯者，功亦伟矣。惜哉，岁在己丑七八月间，淫雨大作，洪水横流，"彩"落无形，"虹"藏不见，良可慨也！

继者谁也？幸李君兴周顿发善心，重兴美事。泉刀之助，实繁有徒；资斧之收，不二而足。攻它山之石，玉是水之梁。其改名为里故桥，以桥在里故山麓也。余读《四书》而得两言也，曰："里仁为美""故旧不遗"。非为桥云，可为里故桥云。尔今而后，亦趋亦步，来者于于；载驰载驱，履乎坦坦。舆梁成矣，必无害乎；磐石安焉，大有庆也。是为记。

奉川黎州王文炳撰

光绪二十四年岁次戊戌季冬月全浣榖旦

（该碑位于孝源街道梅村边）

白马桥碑碑文

白马村桥，上通宁徽、下达苏湖，虽里人出入之要道，亦过客往来之□□也。桥之□□□□□矣，特虑洪波汹涌，随轻筏以同漂；巨浪奔腾，望彩虹于何在？故既深利济之思，尤宜为久远之计。会□□聚□议捐修，不恤费、不辞劳，重建木桥，泂厚易步，新铸铁链，牢笼弥坚。且缘向有会田贰亩，更纠一会，派银生放，将来换旧添新，无庸临竭掘井。庶尽人可由，不必隔岸相呼，恨天涯于咫尺；长桥常卧，何至褰裳□，济悲歧路于穷途。兹当告竣之期，爰将捐助芳名勒诸碑石，以垂不朽云。

章元四、章元五公，捐钱拾两伍钱正，章上澋公拾两伍钱正，章上钟公捌两肆钱正，章上寓公陆两伍钱正，章上焕公陆两叁钱正，章上池公陆两叁钱正，章九福公肆两贰钱正，章上逵公肆两贰钱正，章上宁肆两贰钱正。捐钱名单还有：章上述公、福德会、社公会、章南金公、章为彩公、章上仕公、章上富公、章上雷公、章上泽公、章上傅公、章上检公、章留崙公、章留彩公、章留贡公、章运开公、章留心公、章上襄公、章上沛公、章上森公、章留元、章培杨公、章上春公、章上怀公、章上榜公、章上组公、章留亨公、章留芹公、章存口公、章留宫公、章留俊公、章存爱公、章留本公、章存瑞公、章恒聚公、章恒福公、章为炳公、章上贤公、章留址公、章留炳公、章上禄公、章存浩公、章存福公、章留大公、章存有公、章存柏公、章存省公、章恒勉公、章恒秀公、朱锡有公。

以上捐助开除建桥铁炼谷仓碑石钱壹百两零，余钱当买桥木存贮。

今将旧置□僧江二姓助田刊后：平园里成字三千二百伍十一号丈田六分四厘六，仝三千二百五十四丈田九分四厘一，鱼塘垭三千一百八十二丈田三分四厘五。

大清道光二十伍年岁次乙巳仲夏吉旦

董事人章留官、存道、存秀、留宏、留禧、上傅、存瑯（琅）、存美、金圆立

（该碑位于章村镇章村村白马自然村）

思古桥碑碑文

重建思古桥引，益闻十方善果待人而成八部胜因乘时以建况涉水既属维艰，则建桥尤为急务，深属浅揭，乃诗人通权达变之词，徒杠舆梁，实圣王利物济人之泽，兹者桥名思古桥，实通衢，系苕霅两水之西南源流，本合正来往万人之要道，阻隔无忧，无何坍塌，已失修造，来坐视旁观所夫人之病涉，为之立簿写数乐胜事之易成□，有仁人长者乐善好施，临流不致叹于莫渡，踊跃修建，遇水又何须告竣之时用，借石工之手，由此碑石竖立，咸欣振古如兹，庆观众善流，传亦自于令为烈顾其支用之浩大，并重理之艰辛不可□，是为记。

大清乾隆伍拾六年岁次辛亥律应无射上浣。

（该碑位于递铺街道双河村）

会安桥碑碑文

窃为桥梁道路为世界交通之要务，自古以来无不注重，时以前人

既已捐资创造于前□□□□小应改良修治于福方得□□交通无碍往来，以此言之，则斯桥梁不可一日废也。明矣。吾图之会安桥者，为吾乡往来之孔道，向系先贤捐集款子创造木桥行旋焉，揭数百年来人民制之然木桥轻浮，一遇洪水濡流莫存，即使行路者而有阴帝之虞，而经桥者亦复重修之方，同人等有鉴于斯，非建石桥不点所为久安之许，于是劝募巨金斯石桥以斯巩固而保久远。爰时解囊诸芳名勒于碑左，以垂永远不朽，云大善士慷慨解囊俾得集腋成裘，则斯桥之不朽，同人等亦感激不尽矣，是为启。

中华民国陆年岁次丁巳腊月□谷旦 经起人 张光银 仝启日二 杨之仁。

第二节 文赋

记重修万埭桥序（清 曹封祖）

今夫浮屠之家，往往好为清净之说以自饰。于是，晨鸡暮钟，或借瓶钵为生涯者有之，然又好为因果之说以欺世，而世之溺其说者往往入其中而不觉，以为渡慈航也。恒于斯，以为登彼岸也；恒于斯，以为广福田也；亦恒于斯，相与原附而乐从之。若夫僧六门则又有异焉。

巳酉之秋，余临菰鄣南，见夫道路桥梁久湮，而万埭为尤甚，招舟者既相持恐后，鼓棹者亦应接不遑，余方忧夫修举之无从。不浃旬问，六门执册合掌而求捐于余。余以“方莅兹土，百废未举，奚瑕及此，即欲捐些须之金钱，亦不足以砥狂澜。”六门曰：“夫募者为愿，施者为缘，愿无方而缘亦无方。以愿求缘，以缘成愿，则桥成可待矣！因思夫徒杠舆梁，此为政者之事，今以责之浮屠，余实自愧。”六门所言虽出于因果之说，而亦有得于平政之意，能存斯心以期攸济，是即为慈航也，是即为彼岸也，是即为福田也，又岂同于清净之说，而以因果者欺世耶？兹尽因六门之请，而为是言，并捐俸钱以成是事，且勿失六门之意焉尔。

（清同治《安吉县志》卷十五）

古铁岭关记（清 施元任）

古铁岭关者，创始于季唐，宋元以来建置如旧，故曰古也。今附关村落皆董姓，俗昧铁岭名，群称之曰董岭关，以关设于岭。岭西则皖省之宛陵境，岭东则吾原乡境，烽烟直逼皖境。而浙东三郡以吾邑为隘口，吾邑则又以是关为隘口，相依唇齿，不得不复为是关也。咸丰四年秋，邑宰履勘申详，大宪札饬督造，择日选时，稽盘定向，慎其事也。砖埴石础，宷柱之属，皆估价而程之。不差派闾阎，不假手胥吏，心乎民也。鸠工庀材，弹压经理，各有其司，俾无靡费，而速其成也。是举也，事不劳民，工成不日，此皆赖有贤公卿也。公卿者谁？督饬则中丞黄公寿臣，太守王公锡轩；筹办则邑宰佘公春屏也。任等职非当事，何以知之详而言之晰？邑宰延之以董其役也。兴役于咸丰甲寅闰七月望日，越六月癸丑望日告成。关已新而仍以古名者，后之视今亦犹今之视昔也。镂其事于额者，志不忘也。

（清光绪《孝丰县志》卷三）

嗣济桥记（清 刘濬）

孝邑枕溪为豪。东门外不数武，即若溪上游，溪阔而流驶，雨后益浩瀚奔腾，不可以徒涉。旧有桥曰嗣济，东南两乡及赴余杭者，率取径焉。粤匪毁后，追今将十稔，未之复也。往来者必绕道山公潭，折而由北门。予始至，阅视城隍，见东门道莆不治，阒无行人；怪而询之，则职此之由。即慨然有意更兴之。夫桥梁道路，昔人于是观政。孝虽山僻，固一邑也，蠹事而病民，有司之谓何？然而前之人听之，邑士民相与安之，何耶？则疮痍未复，抑百废之待举者多，而未遑及也。年来，荷天之庥，时和岁稔，民生乐业，因得以其间筹度经费。凡颓垣断堁、廨舍公所，与夫道路之崎岖，均已次第修筑。因念便民之事，当知无不为。虽其地刻期待举者，尚更仆难数。而是桥也，往来乎予心，历有时矣，是不可以更缓。爰鸠工庀材，度旧址而经营之。其地沙水夹杂，溪流歧趋，一径而为断续者四；桥亦因之，故其工巨。创始于癸酉冬十月，落成于甲戌秋。阔五尺，长三十四丈；木以株计者共若干，匠以工计者共若干，并置余板及渡船以备缓急之需；筑室七间于桥堍，俾司桥渡者居之。共费钱千有余贯。董其役者，武生万芹之力居多。于是云连波委，舆马可通。向之荆榛荒秽者，今乃介然而成路。吾见熙熙攘攘者无望洋之叹，而予心少慰已。然湍流砂砾之中，既不可石，而木易以动摇，无久而不坏之理，必当有坏而克举之资。桥故有产，乱后无可考，仅于舍侧厘出田三亩有奇，即归万芹经理；并令劝诸乐善，量力捐输为岁修计。适震图民人与五峰庵僧争产相讦讼，因亦断入充费，就近使监生严汝金岁收其息焉。嘻！以一邑之巨，建复一桥，宜乎绰有余力，乃迟之又久，至今始克有成；而所以善后者尚未能裕如，若是乎举事之难也。是桥只载名旧志，其创始、修葺漫无可稽。予恐后之视今犹今之视昔，亟为之记，俾后之人知其难而图其易，庶无蹈前之覆辙，而不负今日之擘划哉。同治十三年八月朔日刘濬记。

【按】《孝丰县志》：县东门外第一桥。漏守功捐建并助田。久废，今重建。

（清光绪《孝丰县志》卷三）

真赏亭赋（明 章纲）

真赏主人落亭之成，以酒属客曰："余家于西南渺天一涯，陆驰水浮至于吴中，览山川之胜多矣！盖下三峡、晞巫阳、历九江、时庐阜；就天竺之玲珑，瞰海门之吞吐，清辉秀色，餍饫胸臆。自以为取之无禁，初未尝喜其有获也。揭来郭南，俯仰来责。簿书期会，羁鞧纠缠。平时心目，晦雾是厄。岂意枕书之梦，犹蹑登山之履；窈万壑之纤郁，俨千岩之峥嵘；景儌恍以恢恑，余徘徊而叹息。谓游观之乐此，盖轩楹之几席。忽悟觉曰余居非槐安之旧都，岂华胥之故国？虽可追于幻境，亦永慨于陈迹。既旦而兴，曾弗复思。驾言西郊，有事佛祠。偕我同僚，俱庋于兹。披蒙茸于朝露，得爽垲之遗基；悯废弛于余衷，感畴昔之神驰。爰经营于栋宇，幸告成于工师。揭真赏之新名，摭坡仙之旧词。余以为此邦之奇观殆无遗矣。客毕兹酒，为我赋之。"客酬曰："仆楚人也。楚之山川实冠天下，巫山庐阜则主人之所知者。其九疑连天之岭，云梦跨江之野，衡之祝融表暴以正士，灊之天柱周旋乎大驾。洞庭之浪齾夫日月，潇湘之雨愁于图画。层台杰阁，不可胜诧。凭阑干之缥缈，列樽俎之闲暇。惜流景于余日，啸清风于良夜。今之清赏，亦足云亚。虽然，胜惟其地，乐在于人，志宏于适，目瞭于新。尝试登斯亭而傲睨，挹四面之嶙峋。林莽蘌而周密，烟云改于逡巡。天容低而益远，鸟影淡而俄湮。吾酬应之不给，空挂颊而岸巾。彼画栋朱帘之章，余霞澄江之句，文章景物皆有限而止也。孰若此之无限哉？况夫昔掩龌龊之居，今延觞咏之侣，烨熠夭桃，舒畅歌舞。

顾前日之曾无，宜收功于半古。由是言之，微主人斯亭孰成？非清赏兹山孰取？仆请敬酌，式献是语。"主人曰：噫！宇宙初基则有此山，由来贤达各欲跻攀。山盘石而终古，人何乐而驻颜？惟虚名而有托，庶信史之不删。昔叔子有是言，吾感焉而深潜。幸登临之足慰，岂藻饰之为艰？愿字民之余暇，将载酒而往还。寓高情于百楹，克和气于两间。吾乘醉而起舞其侧，俄踏青云而叩帝关。

（清同治《安吉县志》卷十五）

第三节　楹联

万埭桥桥联

曲抱混泥环锦带，横挑苏岭落晴虹。

水涨西溪破碧浪，浅挑港水架云梯。

谢公桥桥联

东侧桥联刻隶书"庆三元而立重建谢公桥胜迹有遗型"，西侧桥联被重建后的金刚墙所掩盖。

长安桥桥联

长茗源流动机莫大兴发，

安如磐石静德无限吉祥。

乐平亭楹联

三百六旬往来预防风雨，

七十二村出入旧话昆铜。

（北面石柱楹联）

锁铜谨严重建塔山路口，

桥梁联络高出梅墅街头。

（南面石柱楹联）

第四节　诗词

题三角亭（北宋 俞汝尚）

奇哉山中人，搆此池上宇。蕙径斜映带，林烟尽吞吐。

春无四面花，夜欠一帘雨。寄傲足有余，何须循广庑。

（清同治《安吉县志》卷十六）

题增明亭（明 沈枢）

上方高与白云齐，楼阁相望已自奇，超览固知随处胜，增明更觉此山宜。

几年湮没人谁问，一旦光辉信有时，想是山灵阴属意，不容孤窟尚栖迟。

（清同治《安吉县志》卷十六）

憩亭晚眺（清 李志鲁）

南渡云千岫，深溪水一篙。斜晖穿竹影，暮蔼泛松涛。

坐啸怀常旷，行歌兴亦豪。从容啜佳茗，偷息片时劳。

（清同治《安吉县志》卷十六）

南门渡亭（清 郎才）

莫问龙溪水势雄，人无病涉任西东。一亭兀峙容听雨，双艇平夷不畏风。

晓露担囊来野客，夕阳荷锸返村翁。问津何必泉明记？开遍桃花满径红。

（清同治《安吉县志》卷十六）

香雨亭（清 王显承）

行到吴村香雨亭，柳枝斜拂酒旗青。

金华玉华双峰峙，流水落花出晚汀。

（清光绪《孝丰县志》卷三）

天目山立玉亭瀑布（明 王晋亨）

怪崖如壁立，下有千尺旋。

石髓天上来，高挂鹅溪绢。

（清光绪《孝丰县志》卷九）

题梅溪深处（元 贡奎）

古寺西边望眼平，人家何处断桥横？

东风几树溪头雪，独鹤归来趁晚晴。

（清同治《安吉县志》卷十六）

冬日梅溪送裴方舟宣州（唐 皎然）

平明匹马上村桥，花发梅溪雪未消。

日短天寒愁送客，楚山无限路遥遥。

（清同治《安吉县志》卷十六）

送陈季迪之安者（明 曹学伶）

年别又相见，浮云无定踪。王程行欲尽，民事且从容。

棹入苕溪水，舟迎天目峰。看君清净理，好是宦情慵。

（清同治《安吉县志》卷十六）

独松关集杜（南宋 文天祥）

我来属危时，朝野色枯槁。

倚君金华省，不在相逢早。

（清同治《安吉县志》卷十六）

独松关登眺（明 陈敬则）

冲晓篮舆度远岑，褰裳云磴俯平林。天随紫逻横秋色，树转苍崖结昼阴。

南国襟喉悲往事，北山猿鹤慰幽寻。清时撤守繻堪弃，醉抚孤松意独深。

（清乾隆《安吉州志》卷十五）

乌樯渡（民国 俞楚石）

落寞乌樯坝，残阳向客低。估帆争利涉，秋水乱凫鸥。

役重田畴旷，农劳面目黧。黄尘犹濆洞，一路哭征犟。

（1994 年 4 版《安吉县志》）

过幽岭（清 许庆霄）

幽岭幽岭何其幽，蔽天松竹无人游。东西天目环四周，独松一关居上头。

危蹬千级云气浮，罡风八面声飕飕。吹落红日天亦愁，眼前星斗森悬球。

上有古殿倚岩邱，唐垩隋圬丹青留。灵君一去三千秋，空空留与行人休。

我闻兀术兵相投，衔枚疾走令若流。过此天险河山收，南朝无人夫何忧？

又闻粤贼下杭州，潜兵夜度来貔貅。我军踟踟无一筹，生民百万悲蜉蝣。

圣人首出宣庙猷，一清四海复神洲。春耕秋获民气稠，山神永莫垂珠旒。

我来只为口食谋，半生尘缚鹰在韦茸。扳藤长啸惊鸾虬，何时身入青云楼？

（清光绪《孝丰县志》卷一）

西天目石门（明 张节）

白日阴森古木寒，野风萧瑟度林端。涧藏小鸟鸣深翠，岩落幽花下急湍。

双阙直疑天外立，残星半向日中看。新营此地真奇胜，谢客诗成和更难。

（清光绪《孝丰县志》卷九）

西天目石门（明 王鼎亭）

奇观远出白云中，近看岩岩凤阙同。

寒翠化为流水出，此中疑是列仙宫。

（清光绪《孝丰县志》卷九）

石门集句（明 张九苍）

石门岑寂断尘埃，松下残棋送客回。

记得去年春雨里，林花不待晓风开。

（清光绪《孝丰县志》卷九）

苕水（唐 释灵一）

苕水滩行浅，潜州路渐深。

不知天目下，何处访云林？

（清光绪《孝丰县志》卷十）

苕水（宋 贾安宅）

广苕山下有深源，发此清流去不浑。

直抵太湖三百里，滔滔分入海天门。

（清光绪《孝丰县志》卷一）

竹筏穿桥（清 施锦心）

黄梅出山货，从此抵梅溪。

估客桃州返，桥边说价低。

（清光绪《孝丰县志》卷十）

独松冬秀（明 凌说）

撞破关门山势开，树头云起唤龙来。擎天老干高千丈，傲雪贞标压众材。

岁久节根坚作玉，风生岩壑响成雷。苍颜不改只依旧，万古相期竹与梅。

（清同治《安吉县志》卷十六）

夜发梅溪之太仓（明 陈敬则）

月逗霜林夜转明，天风吹梦绕吴城。

扁舟不着尘间物，折取梅花作伴行。

（清同治《安吉县志》卷十六）

北上舟发梅溪（明 陈敬则）

吴钓结束乡悠燕，棹倚寒流别思牵。

回首郸山何处是，孤鸿飞度白云边。

（清同治《安吉县志》卷十六）

秋日出梅溪（明 吴维岳）

山中独卧万峰霞，溪上将乘八月槎。花重稻茎呈稔岁，篱清槿叶住贫家。

性迁白喜疏骖御，伴少偏宜趁鹭沙。文字癖除行李省，尚余残箧贮南华。

（清同治《安吉县志》卷十六）

西圩道中（明 吴维岳）

润泉绕路十里，石屋栖云数家。

何处微风醒酒？溪南红杏新花。

（清光绪《孝丰县志》卷十）

孝丰道中（明 甘元鼎）

川原五十里，修竹半其间。眉际兰漪度，衣偏紫翠删。

结亭宜就水，望气似临关。钱谷劳劳吏，经兹倍觍颜。

（清光绪《孝丰县志》卷十）

梅溪道中（清 丁甡）

离乱新经后，萧条三两家。摘葵杂野菜，淅米入溪沙。

去国风烟重，离乡客梦加。村酤虽淡薄，夜到喜能赊。

（清同治《安吉县志》卷十六）

西山道上（清 吴元鉴）

朋从四五放行踪，一曲清溪万树松。黄叶风高浮玉磬，白云路杳度金钟。

山僧晤对龙形瘦，羽客追陪鹤步松。见地虚空通二氏，得来方外味融融。

（清同治《安吉县志》卷十六）

郭南道中（清 徐士骈）

往来风篁足攀跻，贪看青山更向西。天目烟云搜古窦，独松争战忆秋鼙。

篊舆尽日穿深竹，飞瀑千寻落远溪。闻说木瓜红胜颊，好将风味纪近题。

（清同治《安吉县志》卷十六）

张子培明府招游天目孝丰道中作（明 吴维岳）

久怀名岳未能如，春暖河阳万象舒。爱客故期行部日，从君却属振衣初。

溪程水绿频题石，山馆花浓几驻足。闻道仙岩多胜概，冥搜应造赤松居。

（清光绪《孝丰县志》卷十）

雨宿梅溪大公精舍（明 黄周星）

灯火梅溪路，劳劳十九年。浮生曾作客，薄醉且安禅。

万竹围寒梦，孤舟破晓烟。刹那成聚散，身世各茫然。

（清同治《安吉县志》卷十六）

晚泊（清 曹封祖）

乘兴起登临，聊以净心目。短棹过汀烟，波轻舟易速。

随意泛东流，携囊还共仆。偶泊蒹葭外，萧萧几茅屋。

窗迎曲径开，野鸟来疏竹。柴门倚柳斜，隔岸见残菊。

遥望入深林，林深云欲覆。何处起悲歌？余音绕空谷。

江晴薄雾中，恋影泻飞瀑。声过识旅鸿，笛近知归牧。

霜寒已暮天，溪晚鸣群鹿。黄叶缘篱下，小桥依寺渡。

对月抚瑶琴，清虚振落木。此际漫留连，留连且信宿。

（清同治《安吉县志》卷十六）

过雾山寺（北宋 寇准）

青红楼殿枕寒溪，门外天垂斗柄低。啼鸟不知春向背，落花依旧水东西。

半桥霜月光相照，一带松烟色未齐。谁谓百年榛莽地？香云今日绕轮蹄。

（清同治《安吉县志》卷十六）

独松冬秀（清 李显荣）

肃肃萧萧百尺新，鹤归云气满松筠。根深白石蟠蝌蚪，干老青铜起甲鳞。

千载相传来晋魏，四时不辨自冬春。关城藉汝长相守，知是将军旧汉臣。

（清同治《安吉县志》卷十六）

独松冬秀（清 曹封祖）

不与春华竞岁韶，亭亭独挺雪霜条。凭高每视千林小，迟暮翻怜百卉凋。

月漏疏枝排积翠，风和细响度层霄。重关锁钥名攸寄，泰岱登封识未遥。

（清同治《安吉县志》卷十六）

独松冬秀（清 严岳年）

雄关千古表双峰，百尺松枝偃盖重。秀挺严冬经汉腊，孤撑寒谷薄秦封。

磨碣岁月苍鳞老，消受冰霜翠影浓。我欲著书来闭户，盘桓好与抚高踪。

（清同治《安吉县志》卷十六）

渚溪夕照（明 凌说）

渚溪行过少邻家，扑面黄蜂趁晚衙。一片素秋清映水，半汀红日淡迎霞。
渔竿影没人争渡，牧笛声残雁落沙。危石渡头清浅处，只消新月照梅花。

（清同治《安吉县志》卷十六）

渚溪夕照（清 袁一相）

烟火深深暮色催，晴溪一片夕阳开。矶头翠鸟岚中出，水面金蛇树里来。
好景相宜垂钓艇，余辉更上读书台。缘知帝德无私照，幽壑能教日影回。

（清同治《安吉县志》卷十六）

渚溪夕照（清 金维藩）

落日萧萧渚独流，归人笑语渡争舟。满山暮色牛羊下，四面孤城烟火稠。
红日沧浪天气晚，澹连云汉水光秋。青林紫岫看无厌，再傍残霞眺远洲。

（清同治《安吉县志》卷十六）

梅溪春涨（明 凌说）

玉磬峰头积雪消，紫梅花下水平桥。喷开石窦山倾倒，怒拍溪门浪动摇。
连岸白沙鸥鸟下，满川红日鳜鱼跳。黄流引入星河去，一任乘槎上碧霄。

（清同治《安吉县志》卷十六）

梅溪春涨（清 李显荣）

白雪消残涨碧溪，溪流无恙过苕西。滩声夜拍桃花浪，水势潮平杨柳堤。
芳霭山前游展满，春风楼下客帆齐。大川自足乘时济，何必区区柱上题。

（清同治《安吉县志》卷十六）

石埭夜航（明 凌说）

顺风吹送下山前，石鼓沿溪不碍船。帆影扑开沙上月，槽声摇动水中天。
沧浪一曲寻秋去，元鹤孤鸣恼夜眠。乘涉已为天下共，载云归越在何年？

（清同治《安吉县志》卷十六）

石埭夜航（清 于琨）

润壑苍茫近水隈，扁舟暝傍石崖开。光萦画浆乘烟去，影漾轻帆带月来。
岸草无人山气寂，浦云微动浪花催。乘流莫讶归航晚，清夜诗成且细裁。

（清同治《安吉县志》卷十六）

石埭夜航（清 严岳年）

澄泓一水漾斜晖，稳泛波心暮景微。狺犬吠当垂柳岸，轻鸥宿傍钓鱼矶。
带星兰浆双飞去，映月蒲帆十幅归。短梦初回闻欸乃，推篷清露欲沾衣。

（清同治《安吉县志》卷十六）

石埭夜航（清 刘兆麟）

野店临流槿作篱，绿杨堤畔晚航欹。渔樵市静灯悬早，鸡犬村深月上迟。
客梦自从归鸟后，僧钟多在挂帆时。如何报道前峰雨，犹听纷纷唤解维。

（清同治《安吉县志》卷十六）

由竹溪至梅溪书赠莫云樵（明 张羽）

出门怀清旷，入舟苦炎炽。皇天从人欲，飞雨飒然至。
风吹波上寒，凄其感秋气。暝投山僧眠，复得清净地。
舟人候明发，徒侣不得迟。沂流多枉渚，篙楫颇告瘁。
虽微三巴险，事与五盘异。闻昔天目顶，灵物久潜冈。
一朝赴大壑，怒折崖谷碎。回头顾其儿，首尾屡相值。
至今此溪水，斗折七十二。世远众喧传，茫昧竟谁识？

但欣秋涛壮，水物俱得志。我何禅行役，沿泗领佳致？

鸥凫泛澹溰，蒲柳蔚苍翠。人烟乱余集，茅屋若棋置。

之子住河滑，相望劳梦寐。每怨川无梁，握手今可跂。

忆昨访我初，茅斋夜深闭。扣门满衣雪，僵立不得跪。

移灯具鸡黍，浊酒寒不醉。同来郑广文，清瘦凛欲睡。

绝胜王献戆，返棹何太易？兹行冒暑雨，古礼尚报施。

逝将舣轻桡，待子思共济。散发乘长流，垂竿钓清泚。

虚舟纵超越，万里谁能系？恐此未易期，临川一长喟！

（清乾隆《安吉州志》卷十五）

梅溪（明 董斯张）

云似鱼鳞压市低，竹排载笋出梅溪。

逢人闲问昆山路，葛岭西头更向西。

（清同治《安吉县志》卷十六）

原乡竹枝词（清王显承）

派分天目四山齐，浮玉峰高苔水低。

一带泉流清澈底，景溪曲曲接深溪。

景溪（清光绪《孝丰县志》卷一）

侬家常在西溪住，郎隔东滨水上居。

春水生时望郎至，绿蓑青笠钓斑鱼。

西溪（清光绪《孝丰县志》卷一）

至性标题孝子桥，抱公石古依山椒。

千秋懿行无双美，山自高兮水自遥。

孝子桥（清光绪《孝丰县志》卷三）

每从石语溯清音，直上前溪古柏森。

流出汪洋桥下水，丁丁余韵响千寻。

汪王桥（清光绪《孝丰县志》卷三）

长嘶白马翠微间，卓立村前望独山。

乍去乍来金石路，江南人渡孔夫关。

孔夫关（清光绪《孝丰县志》卷三）

潮平港口雨初收，横路斜分曲水流，

一朵乌山关不住，溪云分向塔边流。

乌山关（清光绪《孝丰县志》卷十）

金鸡岭上半规衔，目断龙江送客帆。

为买新丝织罗绮，翻教凉露湿征衫。

金鸡岭古道（清光绪《孝丰县志》卷十）

遥怜十景试春游，东岭迢迢一径幽。

记得碧门村口去，篮舆轻度到杭州。

桃花岗古道（清光绪《孝丰县志》卷十）

沙粗石细满平堤，滩下竹筏编竹齐。

豹雾村连狮子渡，一篙烟雨到梅溪。

（清光绪《孝丰县志》卷十）

第五节　歌谣

撑排歌

撑排头，人要小；柯排头，要柯牢；平水用力撑，落坎好好交，急水趁势去，转弯捏紧篙。

落雨穿蓑衣，天晴戴笠帽，吊排地方要寻好。撑过景溪坞，闯过报福滩，前头歇夜老石坎。

今朝高桥头，明朝交货梅溪上街头，搭头三日好回转。

第六节　相关人物

人民群众是社会历史的创造者，交通的建设、发展、完善也是如此。在安吉的各个历史阶段的交通格局形成过程中，与此休戚相关的是人，正因为在各个阶段都有为民请命、慷慨解囊、团结一心的人们，交通才得以不断完善便捷。

秦敏（宋）

明代嘉靖伍余福《安吉州志》载："一名秦公桥，秦公名敏，桧之父，曾为主簿，于此建之，后更今名，恶桧及其父也。"逐改为白云桥。1994年《安吉县志》载：原为秦桧父秦敏于宋元丰七年（1084年）任安吉主簿时建，故名秦公桥。秦敏，秦桧之父，做过信州（今江西上饶市）玉山县令、静江府（今广西桂林市）古县县令，为官正直，在当地素有清名。宋绍兴十九年（1149年），高宗首书"清德启庆之碑"，是对其高洁品德的褒奖。后据说邑人为纪念在此与清军激战的太平军忠王李秀成，将白雲桥改名为李王桥。

吴松（明）

清同治《安吉县志》载："北川桥在拱辰门外，明嘉靖十三年（1533年）吴松建，州判伍余福有记。"吴松（1459—1552年），字寿卿，吴南山，吴昌硕的十世叔祖。据清光绪《孝丰县志》记载，其"生而倜傥、好义、嗜读书"，堪称孝丰鄣吴良风重教之先驱。吴松家境殷实，自幼"好读书史"，但仕途坎坷，一直是白衣秀才。他最大的功绩是"倾其家产"于明嘉靖十三年（1534年）捐资"重建孝丰学宫"，有《重修孝丰学宫碑》详述其事。另外，在鄣吴村"独设义塾"，让乡人子弟读书知礼义。自吴松出资修建北川桥后，清雍正二年（1724年）训导金辂又予重修，咸丰三年（1853年）里人再次重建。抗日战争期间，北川桥遭到日军破坏，中华人民共和国成立后修复。

沈珩（明）

沈珩，字友松。生卒于明朝。顺零乡后凌冲人，家境富裕而不吝，一生谙学古人做好事。因洪汛冲击，邻近村桥梁坍塌，行人有涉水之苦，他出资重建教场桥、杨家桥、榻水桥。

曹封祖（清）

曹封祖，字子峻，一字紫山、子山，奉天辽阳（一说沈阳）人，自署襄平、长白人。于1671年任安吉知州，修《安吉州志》。清初高桥倒塌后，曹知州牵头重建石拱桥，重修马村并全桥。他不仅善于理政，而且善诗词。

俞琦（清）

俞琦，字又奇，晏子乡人。生于清朝康熙年间，卒于乾隆初年。一生乐善好施，爱结人缘。祖父创建中桥，因年久将圮，其复捐重资修建，邻乡谢公桥桥坍，他化银重建。雍正四年（1726年）家乡发生灾荒，他慷慨助资发赈，解决村民渡过灾难。

刘蓟植（清）

刘蓟植，字肇唐，号念钧，湖南常宁人。清乾隆六年（1741年）以副贡授安吉知州，其任职间为民办益事，于安城创办书院，振兴教育，修桥、筑路、设渡，改善公共设施。乾隆八年（1743年）主张倡助重修安城中治桥（即州前桥），次年复修梅溪并全桥，十年（1745年）重建安城南门外旱桥，乾隆十四年（1749年）重建曹埠桥，整修郭南道路，重建南门渡口，置石亭供渡客憩息，新造渡船二艘，落实渡工生活来源。

郎志俊（清）

郎志俊，字秉铨，号尔珍，凤亭乡人。乾隆年间人氏，平时受父郎兆奎训导和影响，慷慨好施、乐善不倦。在安城建养育堂，收养被弃女婴；措资雇工修建安城南面道路；与同里助资改建南门渡口；还与同里绅士创办"三善会"，资助良田数亩为经费，解决附近道路被洪汛冲毁和桥梁坍塌修建事项。早年家庭富裕，因常为公益事业布施，至晚年家境贫困。

结　语

　　安吉古代道路交通的发展，从先秦到清，第一个时期是开拓时期，安吉的地理条件决定了以水路为主，陆路交通开发起自商周，汉六朝陆路交通随着战争和政治经济的需要，得到不断开发，与其他地区的联系日益频繁起来，逐渐成为经济文化发达的地区；第二个时期是全面发展时期，唐宋时期是安吉道路交通最为繁盛的时期，与全国各地相通，特别是在安吉成为京都门户后；明清时期是第三个时期，交通网已基本形成，此时的交通发展进程是相对缓慢的。在安吉古代交通的整个发展过程中，地理条件、军事战争、政治经济、管理制度、迁移变动、人为因素等影响是至关重要的。

　　地理条件。安吉山多、水多，多水决定了以水运为主，多山又必须依靠陆路。所以安吉古代交通，有水有陆，是水陆综合发展的。水陆交通是互相促进的，水道是自然地理所构成，而陆上道路都要经过不同程度的人工开凿，因此是先有水道，后有陆上的道路，而原始的道路也多数沿水道而行，水路结合的，桥梁则是道路跨水道的建筑物，是水陆结合的具体表现；水陆运输也是互相配合的，水道的分布有很大局限性，水道与水道之间要通过陆上道路连接，山岭地区山势高，必须陆路运至水口，在水陆相接、水陆并行的道路上，速则陆，缓则水。适宜于水运的走水，适宜于陆运的走陆。这是水陆结合的运输格局。

　　军事战争。古代道路的开拓，有战争和军事活动的因素。早期开拓的道路，战争和军事活动是主要的因素。由于当时人口稀少，大部分地区还是不毛之地，只有战争和军事活动，才能调集大量的兵工和从远地征调大批民夫，进行大规模的道路开拓。所有这些战争，不可避免地带来种种灾难、流血和痛苦。但是古代有一些战争，有积极性的一面，它使一些落后地区与外界相通，与其他部族融合，开发了交通，也推动了社会发展。由于安吉特殊的地理位置，是军事上必争之地，因此，因战争而开辟的道路、设置的交通设施也为数不少。明清时期，县内交通已定型，所以这个时期的战争，不再具有开拓交通的作用，而破坏交通的作用却很明显。

政治经济。交通是人类生产和生活活动的基本条件，是地区之间、城乡之间、工农之间、产业之间的联系纽带，在社会经济的发展中起着先行作用，古代道路的开拓就体现了这种先行作用。古代各地，凡是人口增加和土地开垦到一定程度，封建统治者就要建立郡县志理，郡县志所一般都建立在靠近水道交通较便的地点，还必须开辟陆上道路，县通郡、县通县、县通四乡的道路。开展各种政治活动和经济活动，如信使往来、人马调遣、官员巡视、征调徭役、征收赋税等。郡县志所是消费场所，必有商品买卖，发展成为城市，原有交通不适应了，就必须改进交通。社会经济愈发达，交通就愈重要，如渡口改桥梁，木桥改石桥，土路改石路等。

管理制度。古代交通并无完整的概念，也无完整的管理体制和管理办法。各地道路桥渡的修理，由地方官负责，督促当地民户出工。所以当地交通管理的好坏，很大一部分取决于地方官如何采取措施进行管理。同时，古代的邮驿作为为封建统治者服务的官用交通，是国家及地方管理的最直接产物，对于促进文化交流和贸易发展，有显著作用，历代的水陆驿道，也就是商品运输的渠道，邮驿的推行，为商贾往返、商品运输创造了有利条件，从而又促进了手工业和农业的发展。但邮驿是历代封建统治者加在民户头上的徭役和赋役，这一点，始终没有变，仅轻重程度不同而已。在社会安定、政治清明的年代，邮驿能够正常运转，能对社会起到一些有益的作用，而在社会动荡、政治黑暗、王公贵族贪官污吏横行不法的年代，钦差大臣满天飞，勒索害民，邮驿是所有各种徭役中最害民的一种，"越数诛求，横索滋扰，蠹国病民，势所必至"。

迁移变动。历史上多次的人口南移为南方带来了充足的劳动力、先进的技术和丰富的生产经验，同时因为人口密度的增加，必然要开拓未开发的资源，以满足基本的生活需要。境内的数次大规模移民极大程度地促进了文化的交流、交通的进步及资源的开发，从而推动了经济、文化、交通的显著进步。《越绝书》载：秦始皇三十七年（公元前210年），"徒大越民置余杭、伊攻、□故鄣"。东汉末群雄混战，西晋"永嘉之乱"和北宋"靖康之变"后，北方人民为避乱而大量南徙，成批移民入境定居。清康熙、乾隆年间（1662—1795年），又有一批移民迁入山地、丘陵，种植玉米、番薯。经清朝镇压太平天国的战争和战后饥荒、瘟疫后，人口骤减，清政府招徕移民垦殖，豫、皖、鄂和浙东台、绍、宁、温等府的民众纷纷涌入。

人的因素。人民群众是历史的创造者。在建造各种交通设施的过程中，人是起决定性作用的。在交通文化的形成过程中，我们看到了太多的义举。明沈珩出资重建教场桥、杨家桥、楬水桥，清徐氏三代建造修缮同善桥，曹封祖、郭瀛、莫伯衡、莫六笙等多位贤达牵头建造维修高桥，从渡口船载到石梁、石拱桥，历经几种建桥形式；清俞琦捐重资修建祖父创建的中桥；清刘蓟植修桥、筑路、设渡，改善公共设施，倡助重修安城中治桥、梅溪并全桥，重建安城南门外旱桥、曹埠桥，整修鄣南道路，建渡口、石亭；良朋张家桥，张氏里人私募建桥，晓觉寺僧慧峰和尚广为布施重建；孝丰回龙桥，建造于1847年左右，不仅有附近下汤村、王家庄、城中的捐款，还有叶坑坞、汤坑坞、上梅村、上庄村的捐款，更有高村、董舍、西溪、菖蒲的捐款……正是这些义举才成就了今天安吉的交通文化，"吾乡真仁里哉"。

【安吉沿革表】

○商—西周，属越。

○春秋，属越；吴败越，属吴；越灭吴，属越。

○战国，属越；楚败越，属楚。

○秦，置鄣郡，安吉属鄣郡，郡治在今古城村。

○公元前 154 年，汉景帝三年，吴楚七国叛乱，叛乱仅三个月，就被景帝平息，鄣城"即山铸钱，乱天下币"遭到毁灭性破坏，后封给江都王。

○汉武帝元狩元年（公元前 122 年），江都王刘建谋反失败自杀，东阳郡、鄣郡归汉王朝。

○汉武帝元封二年（公元前 109 年），改鄣郡为丹阳郡，以原鄣郡郡治置县，名故鄣县，属丹阳郡。

○东汉灵帝中平二年（公元 185 年），赐名安吉，故鄣县分故鄣、安吉、原乡三县，故鄣县县治今古城，原乡县县治今长兴泗安，安吉县县治今孝丰镇。

○三国吴保鼎元年（公元 266 年），为吴地，属吴兴郡。

○两晋、南北朝时期，为吴地，属吴兴郡。

○隋文帝开皇九年（公元 589 年），废故鄣、安吉、原乡入绥安，属宣城郡。

○隋文帝仁寿二年（公元 602 年），绥安属湖州。

○隋恭帝义宁二年（公元 618 年），沈法兴复置安吉县，属吴兴郡。

○唐高祖武德四年（公元 621 年），属桃州。

○唐高祖武德七年（公元 624 年），废桃州（安吉同废），并入长城县（今长兴），属湖州。

○唐高宗麟德元年（公元 664 年），复置安吉县，属湖州。

○唐玄宗开元二十八年（公元 740 年），县令孔志道迁县治于落石山东南（今安城东）。

〇唐哀帝天佑四年（公元907年），迁县治至马家渡西（今安城）。

〇宋理宗宝庆元年（公元1225年），改湖州为安吉州，领安吉县。

〇元世祖至正十三年（公元1276年），升安吉州为湖州路，安吉县均属之。

〇明太祖丙午年（公元1366年），改湖州路为湖州府，安吉属湖州府。

〇明太祖洪武十四年（公元1381年），湖州府改立浙江布政司，领安吉县。

〇明宪宗成化二十三年（公元1487年），因境南山林深险，道路崎岖，距县治又远，为便治理，湖州知府王珣奏准，将孝丰、移风、灵奕、浮玉、天目、广苕、金石、太平和鱼池九乡另置孝丰县；同时将长兴县的荆溪、顺零和晏子三乡划归安吉。两县同属湖州府。孝丰县治在今孝丰镇。

〇明武宗正德元年（公元1506年），升安吉县为安吉州，次年领孝丰一县，属湖州府。州治、县治仍在原地。

〇清世祖顺治元年（公元1644年），安吉州不领孝丰县，仍属湖州府。

〇清高宗乾隆三十九年（公元1774年），降安吉州为安吉县，与孝丰并属湖州府。

〇民国三年（公元1914年），废府设道，安吉、孝丰两县同属钱塘道。

〇1916年5月道废，两县直属浙江省。

〇1921年6月至1928年先后隶属浙江省第三行政督察区、浙江省第六特区行政督察区、浙江省吴兴行政督察区、浙江省第一行政督察区。

〇1929年属浙江省第二行政督察区，1937年8月属浙江省第九行政督察区。

〇解放初，两县属浙江省第九专区（后改为临安专区），1953年属嘉兴专区。

　　○1958 年，孝丰县并入安吉县，仍属嘉兴专区（1970 年改称嘉兴地区）。

　　○1983 年 7 月，撤销嘉兴地区，设立湖、嘉两市后，安吉属湖州市。

参考文献及资料

[1] 宋谈钥《嘉泰吴兴志》

[2] 明嘉靖伍余福《安吉州志》

[3] 明嘉靖江一麟《安吉州志》

[4] 清康熙曹封祖《安吉州志》

[5] 清雍正《浙江通志》

[6] 清乾隆刘蓟植《安吉州志》

[7] 清康熙罗为赓《孝丰县志》

[8] 清同治汪荣《安吉县志》

[9] 清光绪刘濬《孝丰县志》

[10] 民国干人俊《民国安吉县新志稿》

[11]1894 年《浙江全省舆图并水陆道里记》

[12] 安吉县地方志编纂委员会.安吉县志 [M].杭州：浙江人民出版社，1994，4（1）.

[13] 安吉县地名委员会.浙江省安吉县地名志.1984 年.

[14] 安吉县博物馆.第三次全国不可移动文物普查资料.2011.

[15] 安吉县博物馆.苕水流长 [M].杭州：浙江摄影出版社，2012，10（1）.

[16] 湖州市交通志编纂委员会.湖州交通志 [M].合肥：黄山书社，1995，1（1）.

[17] 浙江省公路交通史编审委员会.浙江古代道路交通史 [M].杭州：浙江古籍出版社，1992，6（1）.

[18] 安吉县交通志编纂委员会.安吉县交通志 [M].杭州：浙江大学出版社，1994，3（1）.

[19] 郑濂生.故鄣记忆 [M].长春：吉林出版集团股份有限公司，

2017, 6（1）.

[20] 郑濂生.桃城拾英 [M].北京:中国戏剧出版社,2013,11(1).

[21] 曹家齐.宋代的交通与政治 [M].北京:中华书局,2017,12(1).

[22] 温菊梅.安吉文献辑存[M].上海:上海古籍出版社,2015,11(1).

[23] 刘晓.试析安吉云鸿塔为文峰塔 [J],华夏文明.2019 年 06 期.

[24] 程永军,蔡美玫.安吉古道探赜与研究 [J],遗产与保护研究.2016 年 06 期.

[25] 程永军.天目山脉古军事设施遗存调查 [J],东方博物.2013 年 01 期.

[26] 程亦胜.浙江安吉古城发现楚金币 [J],考古.1995 年 10 期.

[27] 匡得鳌.浙江安吉发现"郢爰" [J],考古.1982 年 03 期.

[28] 杨勇.论浙江安吉上马山西汉墓出土的小铜鼓 [J],东南文化.2017 年 01 期.

[29] 孙宁宁.浙江安吉三官乡出土铜器的年代研究 [D],陕西大学.2015.

[30] 程亦胜.早期越国都邑初探——关于古城遗址及龙山墓群的思考 [J],东南文化.2006 年 01 期.

[31] 程永军.安吉越文化遗存研究 [J],东方博物.2015 年 02 期.

[32] 田正标.安吉龙山越国贵族墓园申报十大考古发现汇报材料.2019.

[33] 陈少非.安吉本纪 [M].北京:红旗出版社,2020,5（1）.

[34] 郑勇.安吉古桥 [M].苏州:古吴轩出版社,2017,4（1）.

[35] 刘晓.安吉五福出土陶片试探 [J],中国钱币.2019 年 05 期.

后 记

　　交通是时代的产物。一个地方的交通是一个地方的政治、经济、科学技术的整体反映；研究一个地方的交通发展史，就是从一个侧面研究这个地方的历史。作为一个新安吉人，想更加快速了解安吉的地方历史文化，以交通为切入口不失为一个很好的主意。在师友的鼓励下，自2018年起开始实地探访、查找资料、归纳整理，历时三年终得以成型，甚感欢喜。于我来说，成稿的过程更是一个学习的过程，一是向文献、地方志学习；二是向已有的研究成果学习；三是向师友学习。前人的研究成果为本书的整理提供了很多便捷和参考点，与其说是平地而起，不如说书稿是站在前人的肩膀上汇集而成是更为恰当的。

　　至于为什么取名"封闭与开放"，山水产生了我们空间上的距离，阻碍了我们的交流，是相对"封闭"的交通圈；但人之所以为人，正是因为会不断思考探索，从不向困难低头，逢山开路，遇水架桥。所以，山可以凿开，水可以越过，以不断走向更为"开放"的世界。

　　由于研究能力、生活阅历和知识储备等方面的不足，本书更多的还是对交通遗存的梳理，对于深厚的交通文化，研究是谈不上的，为一大遗憾，当然也因此有了之后努力的方向。此书得以成稿，离不开众师友的帮助和鼓励，谨此一并致谢。由于学识有限，书中难免出现疏漏谬误之处，敬请谅解指正！

　　每一处古道、每一座桥梁、每一个关隘都是一个地方的见证者，每一处遗存就是一段历史，每一个时期都有一段故事。历史的车轮不断向前转动，留给我们后人的印记越来越少，也希望有更多的人去研究交通文化，追寻历史。

刘晓
2020 年 6 月